キャリアデザイン
― 社会人に向けての基礎と実践 ―

水原　道子
編著

浅田真理子
上田　知美
岡野　絹枝
岡野　大輔
坂手　喜彦
東野　國子
福井　愛美
宮田　　篤
森山　廣美
著

樹村房

はじめに

　近年，政治・経済のグローバル化が拡大・激化する中で，企業は一層のコスト削減と成果主義を目指して，人材育成よりも即戦力を求める状況が続いています。

　このような背景の中で，現代の学生は，ゆとり教育や家族構成・地域社会の変化などの影響もあり，「社会」「働く」「生活」「努力」という人生の基本ともいえる大切なことを，じっくりとみつめることなく今日に至っているという感があります。

　このような学生の現状をふまえて，大学・短期大学・専門学校では，キャリア教育の必要性を通感し，キャリアセンターを中心とした指導をスタートし，充実させてきました。その内容はさまざまで，「キャリアデザイン」「キャリアベーシック」「就職講座」「インターンシップ」などの科目名を用いて，多様なカリキュラムのもと，単位化している学校も数多く見受けられる昨今です。

　しかし，科目として成立させるために適したテキストや指導書が少なく，手作りの資料などを配布・活用しているのが現状ではないでしょうか。

　そこで，「就職活動」や「インターンシップ」「資格取得実習」に向けてのテキストとして，基礎の考え方から実践知識までを，「順序良く・わかりやすく・読みやすく」を念頭に，本書を企画・作成いたしました。

　また，キャリアに関する雑学のヒントを，コラムとして所々に散りばめてみました。

　大学・短期大学・専門学校生のためのテキストとして，就職活動やインターンシップ・資格取得実習における多様な不安や疑問の解消の指針となりましたら幸いです。

　最後になりましたが，本書の出版に際しまして常に温かいご指導・ご支援を賜りました，株式会社樹村房の大塚栄一社長に，心からの御礼を申し上げます。

平成27年12月吉日

執筆者一同

キャリアデザイン
―社会人に向けての基礎と実践―

も　く　じ

はじめに ……………………………………………………………………… 3

第Ⅰ部　キャリアデザインへの道 ―――――――――― 11

第1章　キャリアを考える ――――――――――――― 12
1．変わる働き方 …………………………………………………… 12
　　(1)　人口と労働力 ……………………………………………… 12
　　(2)　労働市場の現状 …………………………………………… 13
　　(3)　雇用形態による格差 ……………………………………… 14
　　(4)　雇用のミスマッチ ………………………………………… 16
2．キャリアデザインを描く ……………………………………… 17
　　(1)　2つのキャリア …………………………………………… 18
　　(2)　生涯にわたるキャリアデザイン ………………………… 19

第2章　自己を考える ――――――――――――――― 24
1．自分を見つめる ………………………………………………… 24
　　(1)　自己理解のウォーミングアップ ………………………… 24
　　(2)　自分の知らない自分 ……………………………………… 27
　　(3)　過去を振り返る …………………………………………… 33
　　(4)　現在の自分を語る ………………………………………… 35
　　(5)　他者から見た自分 ………………………………………… 36
　　(6)　職業興味・キャリア志向を知る ………………………… 37

2．私のキャリアデザイン ……………………………………………… 39
　　　　(1) 自分を紹介する ………………………………………………… 39
　　　　(2) なりたい自分 …………………………………………………… 41

第3章　働き方を考える ──────────────────────── 42
　　1．社会を知る …………………………………………………………… 42
　　　　(1) 求められる人材とは …………………………………………… 43
　　　　(2) 経済的なことを考える ………………………………………… 45
　　2．業界を知る …………………………………………………………… 47
　　　　(1) 業界の特徴 ……………………………………………………… 47
　　　　(2) 部門の特徴 ……………………………………………………… 52
　　　　(3) 職種とは ………………………………………………………… 53
　　3．適性を知る …………………………………………………………… 54

第4章　キャリアデザインと法律 ─────────────────── 58
　　1．就職と法律 …………………………………………………………… 58
　　　　(1) 正規雇用社員と非正規雇用社員 ……………………………… 58
　　　　(2) 労働法から見る正社員と非正社員の違い …………………… 59
　　　　(3) 社会保障法から見る正社員と非正社員の違い ……………… 61
　　2．出産・育児と法律 …………………………………………………… 68
　　　　(1) 出産 ……………………………………………………………… 68
　　　　(2) 育児 ……………………………………………………………… 68
　　　　(3) 看護休暇 ………………………………………………………… 69
　　　　(4) 児童手当 ………………………………………………………… 70
　　3．法律知識をキャリアデザインに活かす …………………………… 71

第Ⅱ部　就職活動の基本 ─────────────────────── 75

第1章　就職戦線へ向けて ────────────────────── 76
　　1．就職試験とは ………………………………………………………… 76

(1) 試験の種類 ………………………………………………… 77
　　　(2) 実践グループディスカッション …………………………… 82
　　　(3) 就職試験の「三大質問」…………………………………… 85
　2．受験のスケジュール ……………………………………………… 87
　3．就職支援システム ………………………………………………… 89

第2章　就職活動のマナー ─────────────────── 90
　1．敬語と話し方 ……………………………………………………… 90
　　　(1) 敬語の基本 ………………………………………………… 90
　　　(2) さけたい表現 ……………………………………………… 92
　　　(3) 良い挨拶 …………………………………………………… 92
　　　(4) 話し方と聞き方 …………………………………………… 93
　2．動作と態度 ………………………………………………………… 94
　　　(1) 第一印象の重要性 ………………………………………… 94
　　　(2) お辞儀と動作 ……………………………………………… 96
　　　(3) 面接に向けて ……………………………………………… 99
　3．行動の仕方 ……………………………………………………… 102
　　　(1) 受付での行動 …………………………………………… 102
　　　(2) 訪問時や待合室での行動 ……………………………… 102
　　　(3) 専門職面接対策 ………………………………………… 104

第3章　就職活動の実務 ────────────────── 108
　1．就職活動とは …………………………………………………… 108
　2．就職活動の流れ ………………………………………………… 109
　3．エントリーとは ………………………………………………… 110
　　　(1) エントリーの方法 ……………………………………… 110
　　　(2) エントリーシートの内容 ……………………………… 111
　　　(3) 記入上の注意点 ………………………………………… 111
　　　(4) 志望動機 ………………………………………………… 115
　　　(5) 学生時代に力を注いだこと …………………………… 116
　4．説明会と会社訪問 ……………………………………………… 118
　5．就職活動の文書 ………………………………………………… 119

(1) 履歴書の書き方 ･･･ 119
　　　(2) Ｅメールの使い方 ･･･････････････････････････････････････ 121
　　　(3) 送り状の書き方 ･･･ 125

第Ⅲ部　インターンシップと実習 ───── 127

第1章　インターンシップとは ───── 128
　1．インターンシップの背景 ･････････････････････････････････････ 128
　　　(1) インターンシップの形態 ･････････････････････････････････ 128
　　　(2) アメリカにおけるインターンシップ ･･･････････････････････ 129
　　　(3) ヨーロッパにおけるインターンシップ ･････････････････････ 129
　2．資格・技能取得のための実習 ･････････････････････････････････ 130
　3．就職活動時期の変動とインターンシップ ･･･････････････････････ 130

第2章　インターンシップの目的 ───── 132
　1．学生の目的 ･･･ 132
　2．学校側の目的 ･･･ 134
　3．企業・団体側の目的 ･･･ 135

第3章　インターンシップへの準備 ───── 137
　1．社会人としての基本 ･･･ 137
　2．事前指導で学ぶこと ･･･ 139
　　　(1) 基本の心構え ･･･ 139
　　　(2) 事前訪問 ･･･ 140
　　　(3) 実習中の注意点 ･･･ 143

第4章　一般企業における実習 ───── 145
　1．実習の概要 ･･･ 145
　2．実習に向けての注意点 ･･･････････････････････････････････････ 145
　3．実習先の理解 ･･･ 146

第5章　医療機関での実習 —— 147
1．実習の概要 —— 147
2．実習中の注意点 —— 148

第6章　栄養士・保育士施設での実習 —— 151
1．栄養士施設での実習 —— 151
　(1) 実習前の注意点 —— 152
　(2) 実習期間中の注意点 —— 152
　(3) 実習後の振り返り —— 154
2．栄養士施設でのインターンシップ —— 154
　(1) インターンシップの目的 —— 155
　(2) 依頼に関する，主旨・目的の項目例 —— 155
3．保育士施設での実習 —— 156
　(1) 子どもの対応 —— 156

第7章　インターンシップ実習を終えて —— 158
1．自分自身の振り返り —— 158
　(1) 自己評価 —— 159
　(2) 他己評価 —— 161
2．礼状を書く —— 161
　(1) ビジネス文書として —— 161
　(2) 組織を理解して —— 162

参考文献・資料 —— 163

第Ⅰ部

キャリアデザインへの道

　自分の夢と実力，環境を最大限に活かして，これからの人生をどのように進んでいくのかを考えることを「キャリアデザイン」という。

　「キャリア」という言葉にはさまざまな意味がある。その多くの意味の中で，近年では「人生・経歴」ととらえることが多くなってきた。私たち一人ひとりの人生には，今までも，これからも，多くの人の愛と支えがあり，自らの学びや努力も山のように積み重なっていくことだろう。

　その「人生・経験」の一つに，社会人として自立する「就職」がある。どのような社会の中で，どのような人と関わり，どのような経験や決断をし，どのように成長し，どのように夢に向かって生きていくのかということを，いろいろな視点から確認しながら，自分自身の「キャリアデザイン」を考えていこう。

第1章 キャリアを考える

「キャリア」という言葉は、近年「仕事人生と個人生活」ととらえることが多くなった。

また、現代社会が当面する課題の一つに、仕事人生である「ワークキャリア」と、個人の生活である「ライフキャリア」との、ワーク・ライフ・バランスがある。

この単元では、このような「キャリア」という言葉をベースに、わが国の労働市場における人口構造の変化と、それによる労働力の減少、さらに、働き方の変容などを多方面から考え、「キャリアデザイン」という言葉の意味や「働くということ」について、一歩踏み込んで学んでいこう。

1．変わる働き方

長い就職氷河期が終わり、就職状況がよくなりかけた矢先の2008年9月におきた、アメリカの投資銀行であるリーマン・ブラザーズの破綻による、「リーマンショック」といわれる世界的金融危機が断続的に続き、再び就職状況は大きく変化した。このように、就職状況は時代によって大きな影響を受ける。今後、労働市場の状況がどのようになるのかは、キャリアを考えていくうえで重要な要素の一つとなる。

そこで、私たち現代の若者の将来に影響を及ぼす、日本の労働市場の現状を見てみよう。

（1）人口と労働力

日本の人口は、1990年代後半から徐々に減少している。平成22（2012）年の1億2,806万人から、平成42（2048）年には1億1,662万人になり、平成72（2060）年には8,674万人にまで減少すると推計される。

この人口減少の大きな原因は、一人の女性が出産する子どもの数の減少による少子化である。現在、日本の人口の4人に1人は65歳以上の高齢者である。高齢化が進むことで、今後の日本社会は働く人が減少する、人手不足社会になる可能性が高い。

このように，経済は人口と密接な関連があり，その影響は今後ますます本格化するといわれている（図Ⅰ-1）。

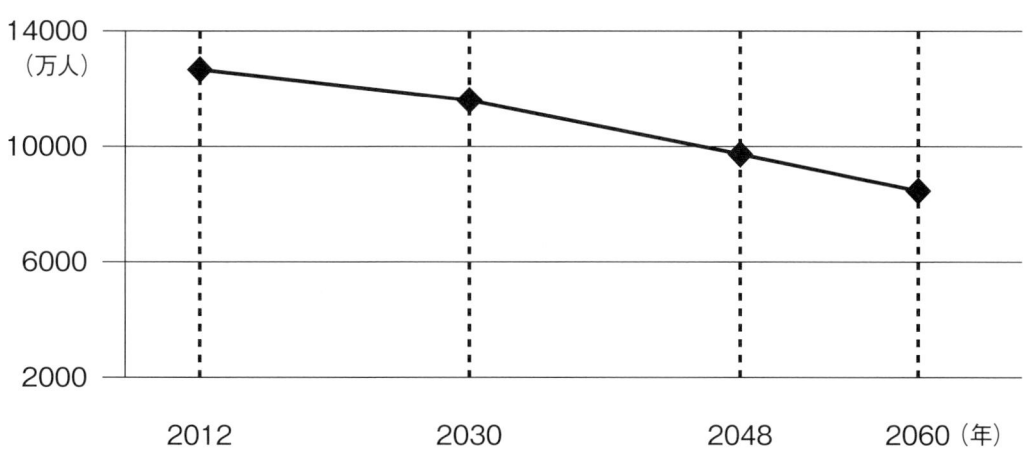

図Ⅰ-1　日本の将来人口（推計）

出典：国立社会保障．人口問題研究所「日本の将来推計人口」平成24年

（2）労働市場の現状

好景気の社会では就職状況も良く，反対に，景気悪化では仕事を見つけることが難しくなる。一般的に，求人が求職者より多いときは，求職者の賃金や労働時間・福利厚生などの労働条件が良くなり，逆に，求職者の方が多くなると労働条件が悪くなる。

日本の失業率は，1990年代前半までは国際的に見ても低い水準を維持しており，1970年では1％台，1980年代には2％台だった。しかし，2008年のリーマショック後は，5％を超えた。世界経済や政治・企業努力などにより，2015年には3.3％まで戻った。しかし，15歳〜24歳の若者の失業者は，5.9％にも上る（図Ⅰ-2）。

経済のグローバル化が進むなかで，企業はコストダウンを強いられ，賃金の低い非正規雇用を多く活用するようになった。また，労働者派遣法の改正が進んだことや，仕事の繁期・閑期に柔軟に働いてもらえる非正規雇用を企業が便利に活用することなどで，非正規雇用の増加につながった。今後も，グローバル化による国際競争の激化や技術革新の進展などの企業を取り巻く環境の変化により，非正規雇用の活用は増えていくと予測される。

また，2015年9月に改正労働者派遣法が成立し，今後，非正規雇用者のあり方が変化し

図Ⅰ-2　失業率の推移

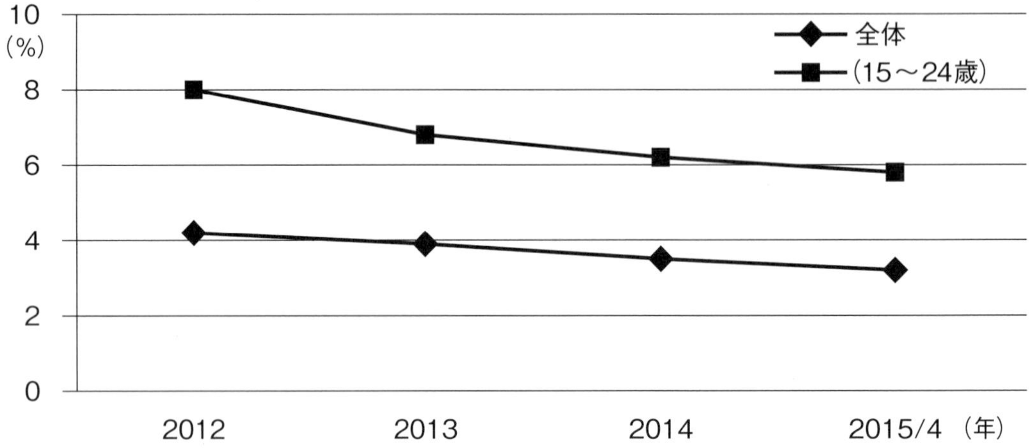

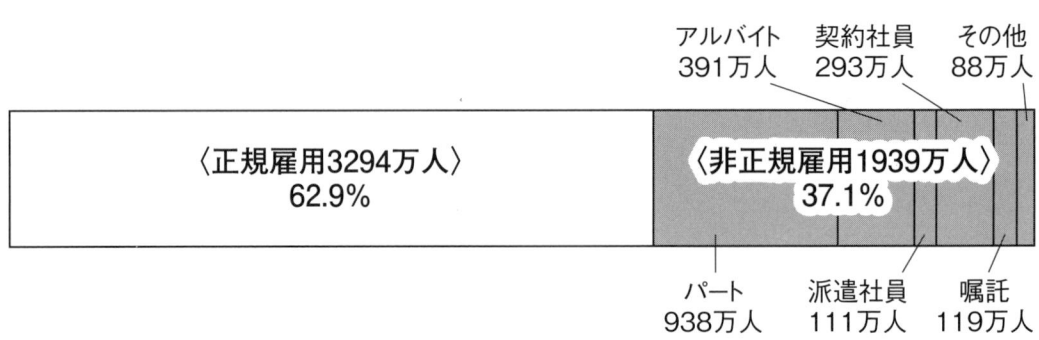

出典：総務省統計局「労働力調査」平成27年

図Ⅰ-3　雇用形態別雇用者

出典：総務省統計局「労働力調査（基本集計）」平成27年

ていくものと考えられる（図Ⅰ-3）。この正規雇用社員と非正規雇用者については，第4章の「キャリアと法律」において詳しく説明する。

（3）雇用形態による格差

　厚生労働省が平成26（2014）年に発表したデータを見ると，20歳から24歳の若い世代における正規雇用の平均年収は2,024,000円，非正規雇用の平均年収は1,701,000円と，賃

金格差はそれほど大きくない。しかし，正規雇用の賃金は年齢が高くなるほど上昇するのに対し，非正規雇用ではほとんど変化がないために，年齢とともに格差が大きく広がる。50歳から54歳がそのピークで，正規雇用の平均年収が3,987,000円，非正規雇用の平均年収が1,970,000円と，非正規雇用は正規雇用の半分以下に過ぎない。非正規雇用で働き続けた場合の生涯賃金は，正規雇用に比べて1億円以上少ないと試算されている（図Ⅰ-4）。

一方，育児や介護の理由で，労働時間や日数が柔軟に調整できる非正規雇用をあえて選択する人たちもいる。このように，非正規雇用は働く側にとっても企業にとっても便利な側面もある。しかし一方で，正規雇用を望んだにも関わらず，非正規雇用の仕事にしか就けなかった人にとっては，賃金や昇進・昇給に差が生じる非正規雇用は問題となっている。

賃金や昇進・昇給格差だけではなく，労働時間がかなり短いパートやアルバイトの非正規雇用に対しては，企業は社会保険・労働保険の加入が義務付けられていない。さらに，福利・厚生制度の住宅手当，結婚や死亡時の慶弔金，有給休暇制度や資格取得支援制度も，正規雇用が対象の中心であり，待遇面での格差はますます広がる結果となっている。

図Ⅰ-4　年齢階級別賃金

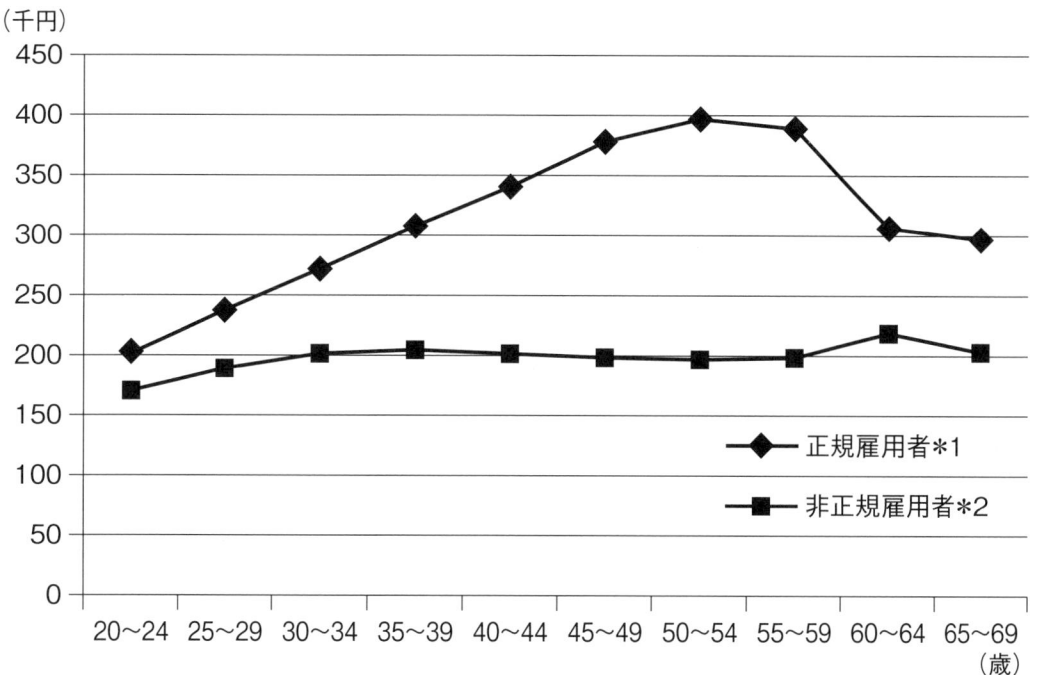

*1　41.4歳，勤続年数13.0年　*2　46.1歳，勤続年数7.5年
出典：厚生労働省「賃金構造基本統計調査」平成26年

~ 雇用形態による格差 ~

① あなたはどう思いましたか。

② この格差を解消していくためには，どういう方法があると思いますか。いくつか考えてみましょう。

（4）雇用のミスマッチ

　雇用のミスマッチとは，求人と求職のニーズが一致しないことである。

　ミスマッチには，私たちが就きたいと希望する業種・職種と，その分野で働くに適した人を採用したい企業の業種・職種との，求人と求職サイドのバランスが取れないことからくる「業種・職種間のミスマッチ」と，働く人の能力・経験・年齢や勤務条件などと，企業が求める求職ニーズが合わない「条件のミスマッチ」がある。さらに，就職後に働き始めてわかる働く人の性格や意欲が企業の風土に合わないなど，企業との相性からくる「企業風土のミスマッチ」の3つがある。

　一方，就職して3年以内に，中卒の7割・高卒の5割・大卒の3割が離職する現象を「七五三現象」と呼んでいる。「このような会社だとは思っていなかった」「このような仕事だとは考えていなかった」という，現実を体験してはじめて知る雇用のミスマッチによる早期離職を未然に防ぐためにも，就職活動までに自己理解を深め，職種・業種，企業研究をしておくことが求められる。

～ 働く環境の変化 ～

　バブル崩壊後までの日本企業においては，集団重視，個人軽視の傾向がみられ，キャリアという概念が今ほど社会に定着していませんでした。しかし，社会環境と雇用環境が変わり，早い時期から，自分の人生の「働き方と暮らし方」を考えることが求められるようになりました。

　一方企業は，これまでの「終身雇用制」・「年功序列制」・「企業内組合」といった，日本的経営をベースにしながらも，成果主義や会社にとって必要な人材を精査する早期退職勧告，価値を生む部門に投資する事業再構築（リストラ・クチャリング）などにシフトしつつあります。

2．キャリアデザインを描く

　私たちは卒業後の進路を考え，就職活動を始めるときに，「自分らしい生き方とはどのようなものだろう」「仕事とは何だろう」と考える。その答えは100人いたら100通りある。そして，その答えはあなたの中にあり，きっとそのすべてが正解なのである。

　多くの人は，就職活動をするときに，どの職種・業種・職業を選び，どこを目指し，その企業ではどのような仕事があり，それは自分に向いているのだろうかと考えて調べる。しかし，そんなに遠い先のことまで考える必要はない。

　まず就職活動を始めるまでに，「なぜ自分は働くのか」「自分には何が出来るのか」と自分自身に問いかけ，「なりたい自分」を見つける準備をしておきたい。「なりたい自分」という自己のイメージは，自分の心の声に耳を傾けて「興味・能力・価値観」を探る作業である「自己分析」によって見つけることができる。そして仕事はこの「興味・能力・価値観」を具現化するものである（図Ⅰ－5）。

　私たちは，仕事を通して「なりたい自分」を表現している。しかし，「なりたい自分」は置かれる環境やそのときの能力と年齢によって変わっていく。そのため，年齢や立場が

変わる人生の節目に，それまでに描いた「なりたい自分」を描き直し，新たな人生のステージを目指せばよいのである。

また，「なりたい自分」の姿は，人生の節目に，これまでの自分と向き合い，思いを巡らせてみることで，これからの「なりたい自分」に思いを駆せることができるようになる。

図Ⅰ-5　私の興味・能力・価値観

（1）2つのキャリア

人は仕事だけでは生活できないものである。働くこと以外にも，勉強する時間・食事や睡眠，ときには運動や遊びの時間も必要となる。つまり，人生におけるキャリアは，仕事生活の「ワークキャリア」と，仕事以外の生活である「ライフキャリア」で形作られているといえる。

ワークキャリアとは，「仕事」人生で，仕事に関する職歴・職務経歴と将来のビジョン（展望）などを指す。一方，ライフキャリアとは，仕事以外の「生活」で，家族・家庭・友人・知人や，地域社会での個人的な活動のことである（図Ⅰ-6）。

図Ⅰ-6 ライフキャリアとワークキャリア

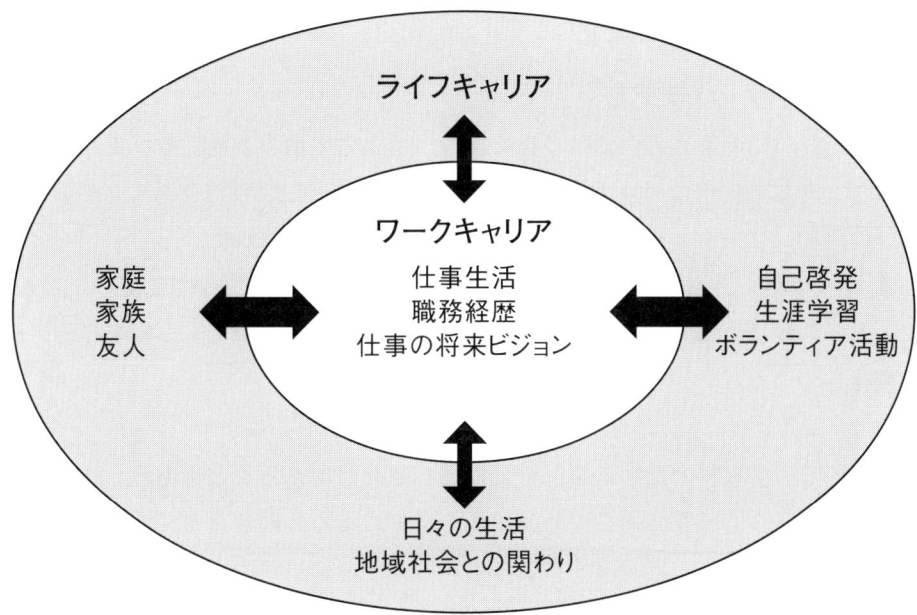

　仕事人生という意味の「ワークキャリア」は，人生の中での個人的活動時間の長い「ライフキャリア」の中に含まれ，この2つを合わせキャリアと呼ぶ。

　個人的活動のライフキャリアはワークキャリアである仕事に影響され，ワークキャリアは，家族状況や取り巻く日常生活のライフキャリアに影響を及ぼす。そして，私たちは，そのときどきの生活状況や家族状況であるライフキャリアに照らし合わせながら，ワークキャリアをデザインしていく。このように，2つのキャリアは，お互いに影響し合いながらバランスをとりあって，大きな人生におけるキャリアを形作っているのである。

（2）生涯にわたるキャリアデザイン

　私たちのワークキャリアとライフキャリアをデザインする「キャリアデザイン」は一生涯続く。

　このキャリアデザインは，学校卒業後に就職して働く15～30歳までの「青年期」と，仕事に慣れ，組織の中で認められながら一定の立場につく31歳から44歳までの「壮年期」と45～64歳までの「中年期」，退職が近づき，その後の新たな人生を生きる65歳からの「高年期」に大きく分けることができる。これらのキャリアデザインのステージが移る節目を

うまく乗り切る方法の一つに，知識，情報，そしてスキルや感性を身につける「自己啓発」が役に立つ。これは，学校卒業後も続く，生涯学習に向けての学びの姿勢ともなる。

① ワーク・ライフ・バランス

ライフキャリアでの個人の生活は多様である。個人の生活の多様性を尊重しようと，平成19（2007）年に内閣府の男女共同参画会議で「ワーク・ライフ・バランス」が示され，「仕事と家庭の調和（ワーク・ライフ・バランス）憲章」が策定された。

当初は，働く女性の「仕事と子育ての両立」に限られたとらえ方がされていた。しかし，すべての人々の多様な個人の生活は，一人ひとりのキャリアの中でも影響を与え，その働き方は変化している。

たとえば，入社直後は，仕事を覚えるための仕事時間が増えるかもしれない。あるいは，仕事に役立てる資格取得のための自己啓発に励む時間が増えることもある。時が経ち，子育て中は，仕事よりも家庭で過ごす時間が多くなり，また，働き過ぎて健康状態が悪くなることがあれば，働き方を考え直すことにもなる。さらに，親の介護が始まれば，介護休暇を取得することも考えなければならないだろう。

このように，ワーク・ライフ・バランスは，ライフキャリアとワークキャリアのバランスをとることである。それは，企業・職場，家庭・家族とのバランスだけではなく，地域活動への参加も含めて，社会で暮らすコミュニティとの関わり方にもバランスをとる必要がある。一方，女性には出産という人生のイベントもあり，男性とは異なるワーク・ライフ・バランスを考えることも求められる（図Ⅰ-7）。

図Ⅰ-7　ワーク・ライフ・バランス

ライフキャリア
（個人的活動）
日々の生活
自己啓発
健康状態
家族の状況
地域活動など

ワークキャリア
（職場での活動）
就職，転職
転勤，昇進・昇級
働き方の見直しなど

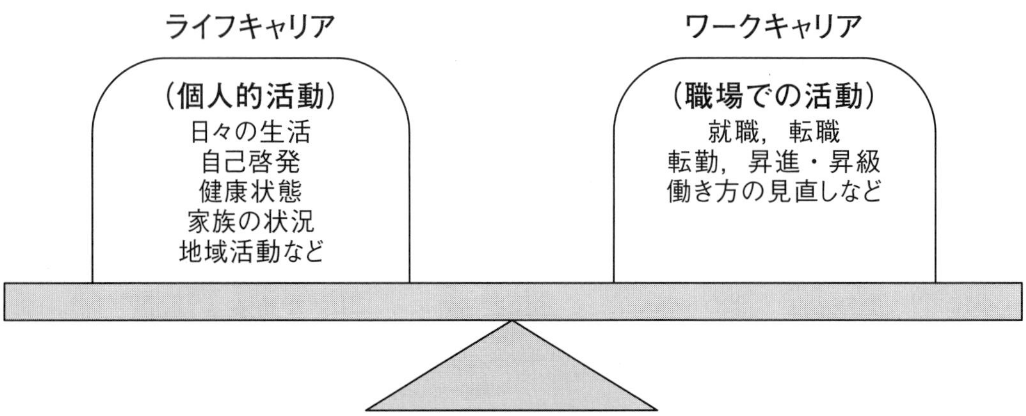

② 人生での役割

　私たちの人生にはさまざまな役割があり，年齢や立場が変わる人生の転機で，役割の数と求められる関わり方が変わる。それは，学校卒業で「労働者」となり，結婚することで「家庭人」となり，親との死別で「子供」の役割がなくなるというように，いくつかの人生の役割を担うことである。スーパー，D.E.は，この人生の役割と立場の移り変わりを虹にたとえて「ライフキャリアレインボー」と名づけ，「子ども（娘・息子）」，「学生」，「余暇人（仕事以外の生活時間）」，「市民」，「労働者（職業人）」，「家庭人（家庭を維持する役割）」，「その他のさまざまな役割」の7つの役割とした（図Ⅰ-8）。

図Ⅰ-8　ライフキャリアレインボー

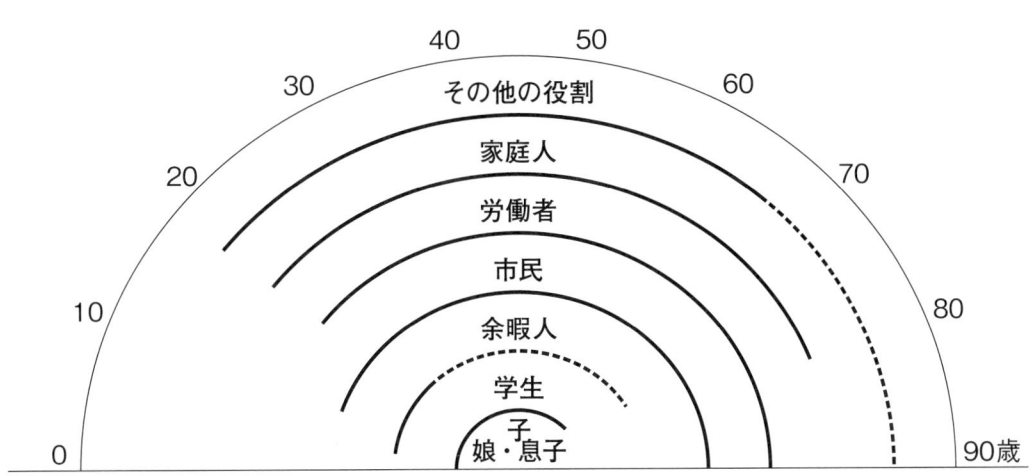

出典：渡辺三枝子編著『キャリアの心理学』2003年

　私たちは，行動を起こすときには，目標と目的に従い計画を立て準備をする。しかし，人生はその計画通りに進まないことが多い。私たちのキャリアも，むしろ予期せぬ出来事から思わぬ方向に展開し，「気がつけばこのようになっていた」ということがある。そのような「予期せぬ出来事≒偶発的な出来事」を上手に活用することによって，ただの偶発的な出来事も自分のキャリア形成の力に変えることができる。いつやってくるか知れない偶発的チャンスを見逃さないように，常にチャンスに備えての準備をし，心を大きく開いて『まず行動を起こしてみよう』と，キャリアの研究家であるクルンボルツ，J.D.は勧めている。

偶然の出来事をキャリアのチャンスに変えるための5つのスキルは，次のとおりである。
1．好奇心：常に心を外に開き，新しい学びの機会を模索しよう。
2．持続性：失敗に挫けないで，できる努力を続けよう。
3．柔軟性：姿勢や状況をその場に応じて変えていこう。
4．楽観性：新しい機会は必ずやってきて，それを自分のものにできると考えよう。
5．冒険心：結果がどうなるか見えない場合でも行動を起こしてみよう。

③ キャリアデザインを描く

この章では，「キャリア」についていろいろと学び，そして考えてきた。
キャリアデザインを描く際に心がけるポイントをまとめると，次のようになる。

・キャリアデザインは，一生涯にわたる仕事生活の「ワークキャリア」と個人生活の「ライフキャリア」について考え，描き続けることである
・キャリアデザインは人生の節目である就職，転職・転籍，結婚，出産，介護などのライフイベントで，取り巻く環境と能力に折り合いをつけながら描くことが大切である
・キャリアデザインは，「自分らしさ」と「自己イメージ」を基に描くとよい
・キャリアデザインは，私たちみんなが人生を豊かに送るために考える課題である

金井壽宏『キャリア・デザイン・ガイド』より

～ 働く意義 ～

仕事の意義づけとして，三人三様の働く意義が読み取れる寓話

街の教会を建設していた三人の石工に，旅人がなぜ働くのかと尋ねた。
一人目「暮らしを立てるために働いているのさ」
二人目「石工として最高の仕事をするために働いているのさ」
三人目「私が切り出した石で，多くの人々が安らげる『教会』を建てるためさ」

出典：R.F. ドラッガー『マネジメント 中』

強く印象に残ったワードは？　ポイントをまとめてビンゴ表を完成させよう。

日本の人口と労働力	日本の労働市場	働く意義
キャリアデザインを描く	キャリア	ワークキャリアとライフキャリア
ワーク・ライフ・バランス	人生の役割と予期せぬ出来事への対応	キャリアレインボー

第2章 自己を考える

　第1章で，キャリアの概要について学んだ。では具体的に，自分らしいキャリアデザインを描くには，何から始めればよいのだろうか。それにはまず，自分自身を知ることから始めたい。"現実の自分"は，現在どのような状態にあるのか。そして，"なりたい自分"をイメージできているのか。また，"なりたい自分"に"現実の自分"を近づけるためには，これからどのような目標を立てて進んでいけばよいのか。学生生活の早い段階で，これらのことをしっかりと考えておくことが望まれる。

　自分の人生や生き方（キャリア）を企画立案・設計（デザイン）していくのは，ほかでもない，自分自身なのである。過去の自分，現在の自分，未来の自分に語りかけながら，自分らしく生きるためのキャリアデザインを探っていこう。

1．自分を見つめる

　自分自身を分析することで，さまざまな面から自己を確認し，客観視できるようになる行為を自己理解という。自分自身のあるがままの姿を知る自己理解は，進学や職業選択など，人生の重要な選択において重要なキーワードとなり，キャリア形成の一つの柱となっている。

（1）自己理解のウォーミングアップ

　「あなた自身について，できる限り詳しく教えてください。」と突然言われたら，すぐに応えられるだろうか。「自分が知っている自分自身」というのは，普段，頭の中でぼんやりとは自覚しているつもりでも，いざ言葉で表現するとなると，的確かつ具体的な言葉で言い表すことは，なかなか難しいものである。
　そこではじめに，自己理解のウォーミングアップとして，自己紹介をしてみよう。手順としては，次のワークシート1に思いつくまま自分自身のことを書いてみよう。

そして次に，このワークシートで書いた内容について〈表Ⅰ-1 ジャンル表〉を使い，自分が書いたことばを8つのジャンルに分類し，無意識の中に表われた関心をもっていること，意識していることをみつめてみよう。

~ ワークシート1：自分が知っている自分自身 ~

『私は〜です』という文章を，思いつくだけ書いてみよう。
名前，誕生日，趣味，考え方，性格，好きなこと，夢，心配ごとなど，何でもO.K。

「わたしは 〜 です」		ジャンル
① わたしは	です。	
② わたしは	です。	
③ わたしは	です。	
④ わたしは	です。	
⑤ わたしは	です。	
⑥ わたしは	です。	
⑦ わたしは	です。	
⑧ わたしは	です。	
⑨ わたしは	です。	
⑩ わたしは	です。	
⑪ わたしは	です。	
⑫ わたしは	です。	
⑬ わたしは	です。	
⑭ わたしは	です。	
⑮ わたしは	です。	

表Ⅰ-1　ジャンル表

ジャンル	説明
A．属性	氏名，性別，誕生日，年齢，出身，兄弟姉妹の有無など
B．身体の特徴	身長，体型，髪の色など
C．性格	積極的，明るい，大らか，人見知り，恥ずかしがり屋など
D．信念	ポリシー，モットー，思いなど
E．好み，関心	好きなもの，嫌いなもの，今気になっていることなど
F．将来，希望	将来の希望・夢・目標・願望など
G．役割	学生，子ども，兄弟姉妹，所属しているところ
H．対人関係	人づきあい，友だちとのこと，家族とのことなど
I．所有	持っているもの

Let's Try

★今の自分について分かったことは……？

★自分の似顔絵を描いてみよう。

（2）自分の知らない自分

　一般的に，人は二面性を持っているといわれている。私たちは家族といるとき，親しい友人と接するとき，苦手な人と接するとき，学校や職場などにいるときなど，接する人や場所によって，意識するしないに関わらず，違う顔・対応をしているはずである。
　ここでは「エゴグラム」という性格診断テストを行い，客観的に自分の行動や考えを知ることにより，自分で判っている部分と，自分では知らなかった部分を確認してみよう。

① エゴグラムとは

　エゴグラムは，アメリカの精神科医であるエリック・バーン博士の開発した交流分析法を基に，弟子であるジョン・M・デュセイ氏が考案した性格分析法である。
　元来，人間の性格は親から受け継いだものや，育った環境，その人の年齢や経験など，さまざまな要素から作られると考えられている。エゴグラムは，この性格について「心」に焦点をあてたものである。人の心を5つの領域（CP・NP・A・FC・AC）に分類してグラフに表し，その人の性格を判りやすく表現している。このエゴグラムを使って自己分析をすることは，客観的に自分自身の性格や生き方を知るきっかけとなり，自己発見の一つの手段ともなる（表Ⅰ-2）。

表Ⅰ-2　エゴグラムによる5つの領域

P (Parent) 親の心	CP (Critical Parent) 批判的（父親的）な親の心	正義感・責任感・道徳心・威厳・支配・命令などの厳しい心
	NP (Nurturing Parent) 保護的（母親的）な親の心	思いやり・いたわり・寛容性・受容性・共感性などの優しい心
A (Adult) 大人の心		冷静沈着・状況判断・損得計算・情報収集などの合理的な心
C (Child) 子供の心	FC (Free Child) 自由な子供の心	明るい・無邪気・好奇心・天真爛漫などの自己表現の心
	AC (Adapted Child) 順応した子どもの心	自己抑制・忍耐・従順・我慢などの他人の期待に沿う心。弾みで反抗の心にも転ずる

～ エコグラム（3頁）をやってみよう ～

① 次の質問に，はい(○)，いいえ(×)，どちらでもない(△) を記入しよう。
② それぞれの分野ごとに得点を計算しよう。(点数：○＝2点，×＝0点，△＝1点)
③ 得点の結果を折れ線グラフで書いてみよう。

1	人の言葉をさえぎって，自分の考えを述べることがありますか	
2	他人を厳しく批判するほうですか	
3	待ち合わせ時間を厳守しますか	
4	理想をもってその実現に努力しますか	
5	社会の規則・倫理・道徳などを重視しますか	
6	責任感を強く人に要求しますか	
7	小さな不正でも，うやむやにしないほうですか	
8	子供や部下を厳しく教育しますか	
9	権利を主張する前に義務を果たしますか	
10	「すべきである」「ねばならない」という言い方をよくしますか	
	CP合計	

1	他人に対して思いやりの気持ちが強いですか	
2	義理と人情を重視しますか	
3	相手の長所によく気がつくほうですか	
4	他人から頼まれたら嫌と言えないほうですか	
5	子供や他人の世話をするのが好きですか	
6	融通がきくほうですか	
7	子供や部下の失敗に寛大ですか	
8	相手の話に耳を傾け，共感するほうですか	
9	掃除・洗濯・料理など好きなほうですか	
10	社会奉仕的な仕事に参加することが好きですか	
	NP合計	

1	自分の損得を考えて行動するほうですか	
2	会話で感情的になることは少ないですか	
3	物事を分析し，よく考えてから決めますか	
4	他人の意見は賛否両論を聞き，参考にしますか	
5	何事も事実に基づいて行動しますか	
6	情緒的というよりむしろ理論的なほうですか	
7	物事の判断を迷わずにできますか	
8	効率的に考え，テキパキと物事を片づけていくほうですか	
9	先（将来）のことを冷静に予測して行動しますか	
10	体の調子が悪いときは自重して無理を避けますか	
	A合計	

1	自分をわがままだと思いますか	
2	好奇心が強いですか	
3	娯楽・食べ物など満足するまで求めますか	
4	言いたいことを遠慮なく言えるほうですか	
5	欲しいものが手に入らないと，気が済まないほうですか	
6	「わぁ」「すごい」「へぇーっ」などの感嘆詞をよく口にしますか	
7	直感で判断するほうですか	
8	興に乗ると，度を越して，羽目を外してしまいますか	
9	怒りっぽいほうですか	
10	涙もろいほうですか	
	FC合計	

1	思っていることを口に出せない性質ですか	
2	人から気に入られたいと思いますか	
3	遠慮がちで，消極的なほうですか	
4	自分の考えを通すより，妥協することが多いですか	
5	他人の顔色や話すことが気にかかりますか	
6	辛い時に我慢してしまうほうですか	
7	人の期待に添うように過剰な努力をしますか	
8	自分の感情を抑えてしまうほうですか	
9	劣等感が強いほうですか	
10	現在「自分らしい自分」「本当の自分」から離れていると感じますか	
	AC合計	

～グラフに書き写してみよう～

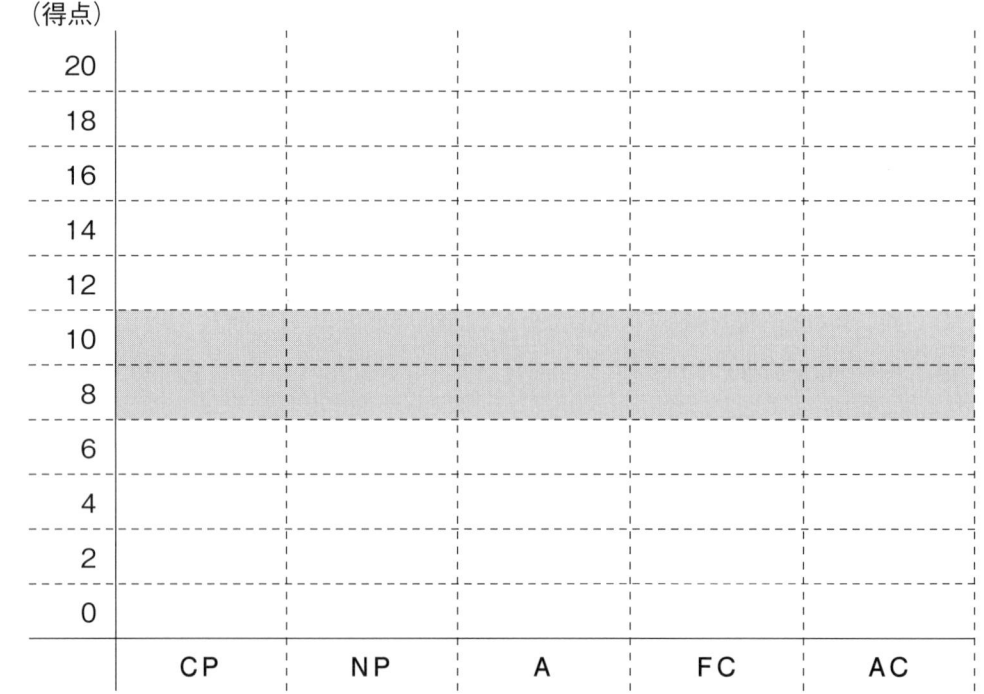

※それぞれの分野で「7～11」の領域が平常値範囲。
　点数の高い低いではなく，あくまでも自分を認知する目安。

② エゴグラムの分析 − 1

グラフの5つの項目が心の5つの領域を表している。それぞれの項目の点数が高いと，この部分の性格が強い反応を示す傾向がある。それぞれの特徴とプラス面・マイナス面などを一覧表にしたものである（表Ⅰ−3）。

表Ⅰ−3　エゴグラムの結果が示す性格の傾向

＋	信念 責任感	包容力 優しさ	冷静 論理的	創造性 自己表現	協調性 我慢強い
−	支配的 口うるさい	甘やかし おせっかい	計算高い 理屈っぽい	幼児性 わがまま	消極的 自己抑制
特徴	厳格	世話好き	合理主義	自由奔放	イイ子
20	↑	↑	↑	↑	↑
〜	高	高	高	高	高
10	CP	NP	A	FC	AC
〜	低	低	低	低	低
0	↓	↓	↓	↓	↓
特徴	大まか	クール	感覚的	遠慮がち	気まま
＋	寛容 大らか	距離感 個人尊重	情緒豊か 人間味あり	控え目 もの静か	気楽 思い通り
−	無責任 いい加減	冷淡 寂しがりや	感情的 非論理的	閉鎖的 わかりにくい	自分勝手 意地っ張り

③ エゴグラムの分析 − 2

エゴグラムは各人の個性を表すもので，グラフの型によって，どの型が優れているかというものではない。また，その人が得点結果のいつも同じ型をとるという絶対的なものではなく，そのときの年齢や心理状態・生活環境でも変わる。言い換えると，自分で性格を改善したいと考えれば，努力によって変えることも可能であるということである。このようにエゴグラムとは，今まで気づかなかった自分の長所や短所を発見する手段の一つとしてとらえることができる。いずれにしても，エゴグラムは自分を知り，より良い自分を作るためのきっかけとして活用できるツールである（図Ⅰ−9）。

図Ⅰ-9 主なグラフの型が示す性格の基本的特徴

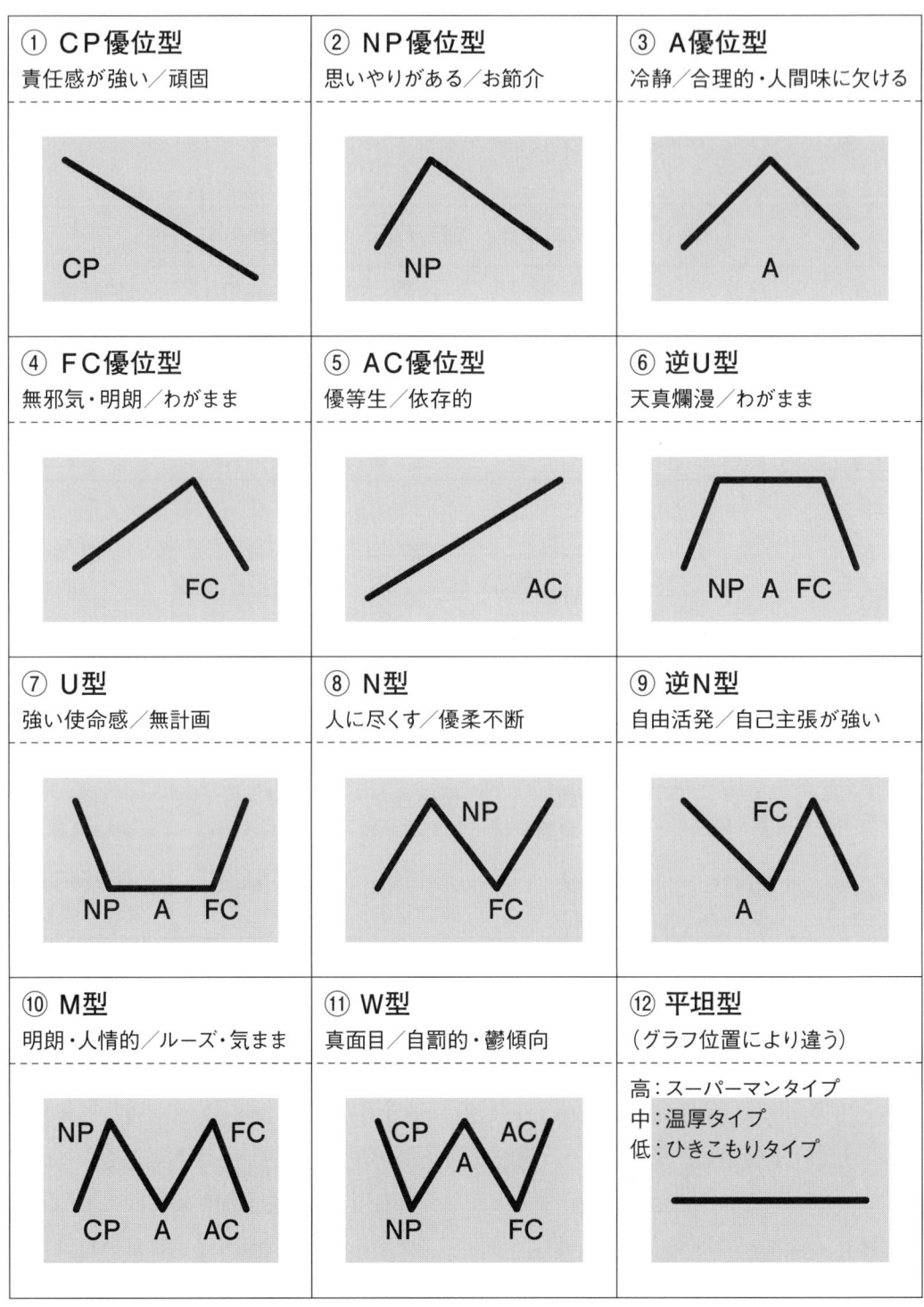

（3）過去を振り返る

自己理解を深めるために，これまでの自分を振り返ってみよう。

～ 過去を振り返ってみよう－1 ～

	小学校時代	中学校時代	高校時代
勉強 得意科目			
部活動 習い事			
ボランティア			
趣味 資格			
なりたかった職業			

第 2 章　自己を考える

Let's Try

～ 過去を振り返ってみよう－2 ～

	小学校時代	中学校時代	高校時代
対人関係（家族・友人）			
理想・目標の人			
興味・熱中したこと			
印象的な出来事			
その他			

（4）現在の自分を語る

「一人1分で自己紹介してください」と言われたら，あなたはすぐにできるだろうか。限られた時間内に自分を最大限に表現しなければならないことが，これからはたびたびあるだろう。そこで，「好き」をテーマに，自分を語ってみよう。特に，「好きの理由」を，できるだけ詳しく書いてみよう。

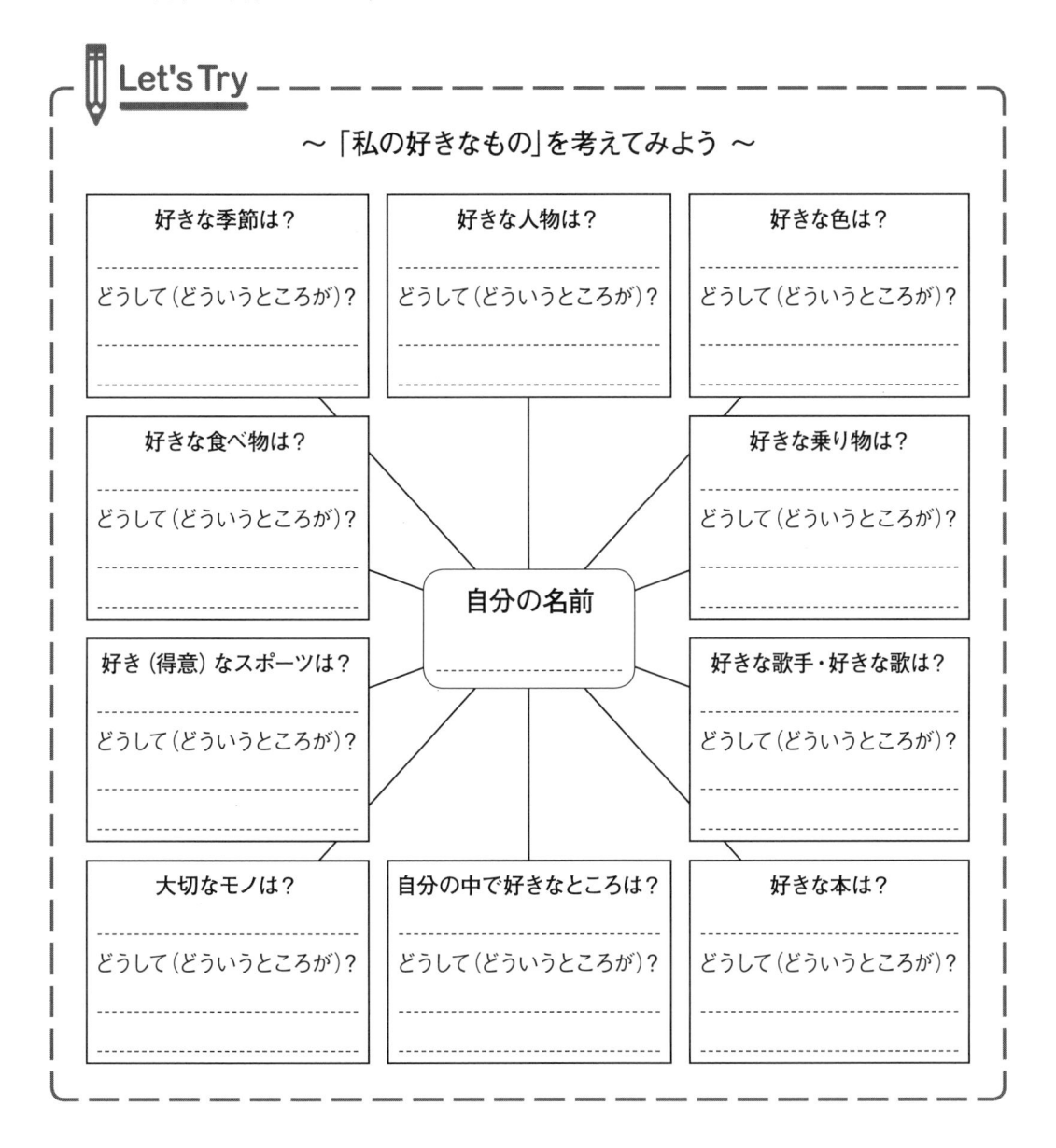

Let's Try

～「私の好きなもの」を考えてみよう ～

好きな季節は？ どうして（どういうところが）？	好きな人物は？ どうして（どういうところが）？	好きな色は？ どうして（どういうところが）？
好きな食べ物は？ どうして（どういうところが）？	自分の名前	好きな乗り物は？ どうして（どういうところが）？
好き（得意）なスポーツは？ どうして（どういうところが）？		好きな歌手・好きな歌は？ どうして（どういうところが）？
大切なモノは？ どうして（どういうところが）？	自分の中で好きなところは？ どうして（どういうところが）？	好きな本は？ どうして（どういうところが）？

（5）他者から見た自分

　第三者の目に，自分はどのように写っているのだろうか。自分が自覚している自分自身と，自分をよく知る人が感じている私は，果たして一致しているのだろうか。
　自分をよく知る人々にインタビューすることで，更に自分自身を深く知ろう。

Let's Try

～ インタビューしてみよう ～

　　月　　日　コメント者氏名：＿＿＿＿＿＿＿　　私との関係：＿＿＿＿＿＿

	一言コメント	理由・具体例
長所		
短所		

　　月　　日　コメント者氏名：＿＿＿＿＿＿＿　　私との関係：＿＿＿＿＿＿

	一言コメント	理由・具体例
長所		
短所		

（6）職業興味・キャリア志向を知る

　自分がどのような職業に興味があり適性があるかを知っておくことは，自分を知るうえで大切なことである。下表に紹介した代表的な職業適性テストは，能力・性格など，さまざまな面から仕事に対する適応性をみるものである。自分のやりたい仕事がはっきりしている人にとっては方向性の確認，自分のやりたい仕事がわからない人や迷っている人にとっては，方向性の探索のために利用できる。自分がどのような仕事に興味を持ち，また，どのような業務に適しているのかをチェックしてみよう。

表Ⅰ-4　職業適性テスト

適性テスト名／出典	概要
『VPI職業興味検査』／独立行政法人労働政策研究・研修機構	アメリカのホランド博士の職業選択理論に基づき開発された職業興味検査。160種の具体的職業を提示し，職業に対する興味・関心の有無を回答することにより，現実的，研究的，芸術的，社会的，企業的，慣習的の6つに対する興味の程度と，自己統制（男性・女性），地位志向，稀有反応，黙従反応に対する個人の特性を測定する
『キャリア指向質問票』／『キャリア・アンカー』エドガー.H.シャイン 著　金井壽宏 訳	アメリカの組織心理学者シャイン博士の研究に基づき作成されたキャリア志向のチェックテスト。40問の設問項目に回答することにより，8種類のキャリア・アンカー（専門・職能別，全般管理，自律・独立，保障・安定，起業家的創造性，奉仕・社会貢献，純粋な挑戦，生活様式）のどれに自分が該当するのかを知る。この結果から，キャリアに関する自分自身の志向や価値観などについての自身の認識の度合いが分かる
『Prep-Y 職業興味検査』／大阪府商工労働部雇用推進室就業促進課キャリア支援グループ	7つの職業領域の分類（医療・福祉，サービス・販売，ファッション・芸能，自然・工芸，作業・操作，技術・専門（理系），事務・専門（文系））により，個人の持っている職業興味の特徴を調べ，職業に対する興味や志向性を把握することができる

下記に「Prep-Y 職業興味検査」の一部を提示する。本問題は全部で 42 問あり，所要時間は 5 〜 10 分である。なお，下記 URL にアクセスすると，この検査を自分で実施することができる。

URL：http://careershien.ou.e-osaka.ne.jp/prepy/prepy.cgi

表 I − 5　Prep-Y 職業興味検査

問	A	←	=	→	B
1	食事の栄養管理のために，献立を考える	○	○	○	庭をつくったり，植木を手入れする
2	ホテルで客の受付をしたり，案内をする	○	○	○	服のデザインを考える
3	バスを運転する	○	○	○	パソコンで設計図をかく
4	壁紙やカーペットをはって，部屋を仕上げる	○	○	○	会社の経営について専門的にアドバイスする
5	本や雑誌を売る	○	○	○	犯罪捜査や街のパトロールをする
6	福祉施設で相談にのったり，生活の指導をする	○	○	○	バンドや楽団で楽器を演奏する
7	テレビやラジオの番組をつくる	○	○	○	布を染めて色や模様をつける
8	施設の警備や客の誘導をする	○	○	○	商品について工場での生産計画をたてる
9	病院などで血液や尿を検査する	○	○	○	家庭や会社をまわって商品をセールスする
10	いろいろな材料でおもちゃをつくる	○	○	○	工事現場で作業をする
11	宅配便を配達する	○	○	○	輸出や輸入するものを調べ，必要な書類をつくる
12	客にアドバイスをしながら洋服を売る	○	○	○	自動車や船のエンジンを設計する

2．私のキャリアデザイン

（1）自分を紹介する

　これまでの自己分析をもとに，改めて自分自身が自覚した長所と短所について書き出してみよう。次に，自分自身を一言で表現すると，どのようなことばで表現されるか，キャッチフレーズを考えてみよう。最後に，それをもとに1分間の自己紹介文を作成してみよう。一般的に，1分間で話せる適切なワード数は300字程度といわれている。300字前後を目安に作成してみよう。

Let's Try

〜 自分を言葉で表してみよう 〜

① 長所と短所

自覚している長所	自覚している短所

② キャッチフレーズ

Let's Try

〜 1分間で自己紹介をしてみよう 〜

(15列×21行＝315マス)

300字

（2）なりたい自分

　この章では，過去・現在・未来の自分に語りかけることにより，自分を探ってきた。過去を振り返ったことで，忘れかけていた夢を思い起した人もいるかもしれない。また，これまで気づかなかった自分の新たな可能性を発見した人もいるかもしれない。自分らしい人生を歩むために，自分はどうなりたいのかと，自身に問いかけてみることの重要性を実感したのではないだろうか。

　では，なりたいとイメージした自分に近づくにはどのようにすればよいのか。まずは夢と目標をセットで持ち，諦めないという強い心とやる気と勇気をもつことである。そして，今自分がおかれている現実に目を向ける冷静さを忘れないことである。この場合，夢は必ずしも具体的なものではなく，漠然とした実現不可能なものでもいい。その夢に少しでも近づけるように，小さな，一つひとつ達成可能な目標を立てて進むことが大切なのである。

　「いつか自分はこうなりたい」と強く思い，当面の目標に向かって頑張ることで，"運"が味方をし，夢が現実化するのではないだろうか。

コラム

〜 人生に迷ったときのバイブルとして 〜

羊飼いの少年が，旅の途中で起きるできごとや，さまざまな人との出会いと別れを通して人生をどう生きるべきかを学んでいく，夢と勇気の物語。

- 「何かを強く望めば宇宙のすべてが協力して，実現するように助けてくれる」
- 「自分の運命を実現することは，人間の唯一の責任なのだ」
- 「学ぶ方法は一つしかない。それは行動を通してだ」
- 「夜明けの直前に，最も暗い時間がくる」
- 「夢を追求している時は，心は決して傷つかない」

出典：パウロ・コエーリョ『アルケミスト - 夢を旅した少年』

第3章 働き方を考える

　日本の平均寿命は女性が86.6歳となり，世界第一位である。男性も80.2歳という長寿国であり，反対に出生率は1.42となり，ますます少子高齢社会となっている（2014年）。
　このような社会においては，一人ひとりが自分の日常生活での収入や，社会保障をしっかりと確保できる働き方を考えていかなければならない。しかも，現代のビジネス社会は，地球規模のグローバル化へと大きく変化し，その変化に対応できる人材でなければ，自分の望む社会生活が不可能にさえなってしまう。だからこそ，しっかりとビジネス社会の構造を知り，自分を知り，より良く生きるための自己開発をしていかなければならない。
　そして，少子高齢・グローバル社会という課題満載の条件の中で，私たちは職業を求めて，自分自身の足で一歩を踏み出すのである。

1．社会を知る

　「何のために働くのか」という質問には，さまざまな答えがある。そのキーワードは，

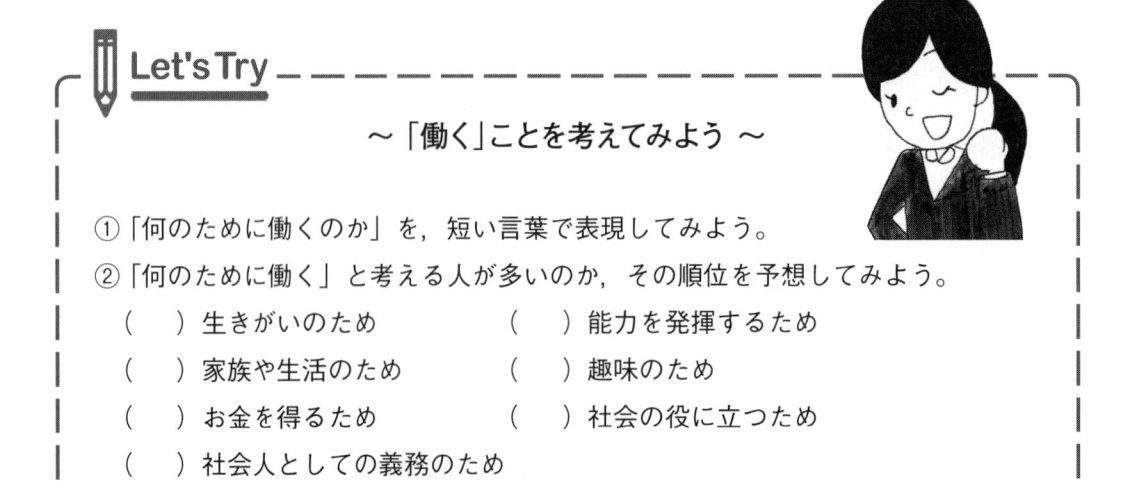

Let's Try
〜 「働く」ことを考えてみよう 〜

① 「何のために働くのか」を，短い言葉で表現してみよう。
② 「何のために働く」と考える人が多いのか，その順位を予想してみよう。
　（　）生きがいのため　　　　（　）能力を発揮するため
　（　）家族や生活のため　　　（　）趣味のため
　（　）お金を得るため　　　　（　）社会の役に立つため
　（　）社会人としての義務のため

大きく分けると「お金」「生きがい」「能力」「社会」の4点にまとめることができる。

（1）求められる人材とは

　現在の高等教育では，専門知識や技術を学び・研究する本来の学問だけではなく，社会に出た時に必要となる，人間としての力や経験・常識を身に付けることが求められている。

　その理由は，企業や地域社会において，時間やコストをかけて「人を育てる」ゆとりが減少してきたからである。当然の流れのように，企業は新卒者に対しても，即戦力としての役割が実行できる能力や資質を求めるようになったのである。

　このような社会背景のもとで生まれたのが，経済産業省の「社会人基礎力」（2006年）であり，文部科学省の「学士力」（2008年）や，厚生労働省の「就職基礎能力」（2004年）である。これらは異なる立場から，社会や企業で有効と考える人物像を示したものである。その中で共通する3つの大きな能力について，具体的に考えてみよう。

① 行動力

　行動力は「前に踏み出す力」と解説し，重要な社会人基礎力として一番に掲げられている。とにかく多くの体験・経験をすることである。失敗をおそれずに行動することで，新たな発見や力が生まれる。まず周囲の人びとに働きかけていくことである。「わからなけ

Let's Try

〜 目指す力を発見するために，自分を見つめてみよう 〜

①苦手なことは…（　　　　　　　　　　　　　）
　　（なぜ？）⇒
② 得意なことは…（　　　　　　　　　　　　　）
　　（どこが？）⇒
③ 今までで一番自慢できることは…（　　　　　　　　　　　　　）
　　（どうして？）⇒
④ 身に付けたい力（能力）は…（　　　　　　　　　　　　　）
　　（どんな風に？）⇒

れば聞いてみよう」「行ったことがない所へ行ってみよう」「やったことがないことをやってみよう」「知らない人に笑顔で挨拶してみよう」「入ったことがないお店に入ってみよう」「食べたことがない物を食べてみよう」。きっと勇気がわいてくる。それが「一歩踏み出す力」である。一歩を踏み出すことで，力強く，責任感のある自分が生まれるのである。

② 思考力

「考え抜く力」である。今，目の前にあるものに「なぜ」「なに」「どうして」「だれ」と「？」をつけて疑問をもとう。そして，考えてみよう。今までとは違う見え方・考え方が生まれる。たとえば，「どうしてその形・色なのか？」「何に使うのか？」「誰が作ったのか？」「なぜそこにあるのか？」と考えてみる。あるいは，「一つのものについての過去・現在・未来を考えてみる」など，疑問を持ち，原因や理由を調べることからいろいろな発見や新たなつながりが生まれる。まず，自分の力で考える習慣をつけることからはじめよう。

③ 協働力

「まわりの人と協力し合うこと」である。どのような環境・状況のときでも，見知らぬ人々と話し合い，理解し，協力し合って行動できるという，上級の能力である。

人と協力し合うには，ある程度の自己抑制（セルフコントロール）が絶対条件となる。そのうえで，いかに他の人々と理解し合えるか。理解するというのは，語学力などの表面的な技術・知識だけではなく，いろいろな面で相手を受け入れることができるという，大きな人間性である。当然「自分が，自分が」という姿勢では協力し合うことはできない。しかし，「どうぞ，どうぞ……」ばかりでも前には進まない。他の人を受け入れつつ，自分

Let's Try

～ 就職活動でよく見聞きする言葉。正確につかんでおこう ～

① コンピテンシー：
② ポテンシャル：
③ エンプロイアビリティ：
④ ポートフォリオ：
⑤ リーディングカンパニー：

を上手に表現し，共に行動することができるようになること。「他人に好かれてこそ協働できる」という，最も大切なことを学び，一人ひとりが人としてのルールをしっかり守れる人物を目指すことである。そしてそれこそが，チームワークを作り上げる本筋でもある。

（2）経済的なことを考える

社会に出るにあたり，経済的なことをしっかり考えて，自分のライフプラン（人生の計画を時系列で表したもの）が実現できるように，さまざまな視点から求人票をチェックする必要がある。

① 求人票と給与

求人票には，本社や支店・営業所などの所在地をはじめ，企業の概要や求める人材像とともに，採用に関する諸条件が書かれている。この諸条件を十分に検討し，自分のライフプランやキャリアデザインと照らし合わせて考えることが重要である。休日や社会保険も大切な検討事項だが，やはり受け取る給与に関することが，最も関心のあることである。

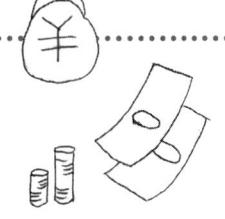

コラム

～ 手取りの収入を計算する ～

<例>　「支給額」－「控除額」＝「手取り収入」は？

	基本給	時間外手当	通勤手当	支給額合計
支給	200,000円	8,000円	10,000円	218,000円
	雇用保険	健康保険	厚生年金	社会保険合計
控除	1,090円	10,967円	19,211円	31,268円
	所得税	住民税	奨学金返済	税等合計
	5,000円	7,200円	20,000円	32,200円

出典：金融広報中央委員会『人生とお金の知恵』平成27年3月

一人の自立した社会人として生活するには，個々の生活に最低限必要な費用を考えておかなければならない。無事学業を終え，経済的に独立し，納税の義務を果たし，社会保障を支える一員となってこそ，はじめて本当の社会人といえるのである。

② 収入と支出

社会人として自立し，夢を実現するためには，より多くの収入を得ることが望ましい。そのためには，自分自身の価値を高めて評価を上げることが重要である。一方で，良い生活をするためには収入を正確につかみ，支出を把握して，価値のあるお金の使い方をすることも大切である。そこで，求人票に記載されている基本給や月給という給与の額面ではなく，実質の収入である手取り収入をみつめ，支払うべき生活費等を差し引いたときにゆとりができるように，消費計画を立てる必要がある。なにより私たちは常識ある社会人として，消費と浪費の違いをしっかりと考え，適切な生活を目指していくべきである。

コラム

～ 給与って？ ～

① 支払総額とは

　基本給に通勤手当や時間外手当，該当する人には，住宅手当・家族手当や資格手当などを加えて合計したものを，支払総額という。

② 控除額とは

　給与から差し引かれるもので，収入に対する所得税と，就職後2年目から生じる住居地の住民税等の税金と，雇用保険料や健康保険料・厚生年金保険料等の社会保険料に加え，各自の積立金や会費・返済金等がある。これらを合わせたものを控除総額という。

③ 昇給・賞与とは

　昇給とは，決まった率によって基本給が増えることで，ベースアップと呼ばれるものである。定期昇給と，臨時昇給がある。

　賞与とは，ボーナスと呼ばれるもので，利益の配分方法の一つとして，給与以外に臨時に支給されるものである。一般に，夏と冬に支給されることが多く，複数回支給する企業もある一方で，支給のない企業もある。

2．業界を知る

「何をしている会社なのか」「どこで働くのだろうか」「どれくらいの収入が得られるのだろうか」「どんな人が働いているのだろうか」と，自分が働きたいと思う企業に対しての疑問や不安は，考え出したらきりがないほど，次から次へとわいてくる。

一方で，「どのような企業で働きたいのか」「やりたいことは何か」「できることは何か」「学んだことを活かせる仕事とは」など，自分自身に対する疑問や不安も多々ある。

これらの疑問や不安をしっかりと調査・確認したうえで，就職活動のスタートを切ることが良い成果につながることになる。

そこでまず，自分の目的の企業がどのような事業内容なのかを調べてみよう。

一般に，同じ事業内容ごとにまとまった社会を「業界」と呼ぶ。「業界」内では，業務の特徴や必要とされる人材に一定の傾向をみることができる。それが「業界セミナー」「業界説明会」などとまとめる所以である。しかし，資料で見たり人から聞いたりしたことは，あくまでも一般的な概要にすぎない。「百聞は一見にしかず」の言葉どおり，自分の目と耳と頭で興味のある企業を研究することが，確実なキャリアデザインへの第一歩となる。

（1）業界の特徴

業界を研究する視点の一つとして，その企業の社会における影響力や収益力，成長性・独創性などを調べていく。そのうえで，目指す企業に自分の人生を投資する価値があるかどうかを判断し，より実践的・効率的な就職活動を行っていこう。

コラム

〜 総合スーパーって，何業界？ 〜

「業界」の分け方を示す「日本標準産業分類」は，大分類から中分類・小分類と，より具体的なものに的を絞っていく分け方をしている。

　　　（大分類）　　　（中分類）　　　　　（小分類）
　　卸売・小売業　⇒各種商品小売業　⇒　百貨店・総合スーパー

主な業界別の特徴をまとめたものが，次の一覧表である。この表の他にも，各業界の仲立ちをする「商社」や，「その他」としてまとめられる，公務・教育・団体等がある。

表Ⅰ-6　金融業界

仕事内容	お金を動かす（貸す・預かる・運用する）
現状	停滞中の経済が動き出し，活発な動きが出てきた
特徴	・多数の採用枠がある ・システムやIT商品の開発などで，理系採用も増加している ・政治やグローバル化による世界情勢に影響を受ける
代表的分野	銀行・保険会社・証券会社・リース・クレジット・ＪＡ
期待する人材・資格	・積極性・社交性・勤勉性 ・ファイナンシャルプランナー，ＴＯＥＩＣ，簿記
試験対策	・ＯＢ，ＯＧ訪問など，積極的に企業に接近する ・筆記試験対策として，ＳＰＩや時事問題をチェックする ・誠実さ，勤勉さを表現する外見も大切 ・海外勤務や外国人対応のための語学力は，優位能力

表Ⅰ-7　流通・小売業界

仕事内容	食品・アパレル・雑貨・家電・車などを販売する
現状	消費増税や景気の変化によって，動きはさまざまである
特徴	・郊外型のショッピングセンターなどは，大型採用がある ・ドラッグストアやホームセンターなどにも，多数企業がある ・ノルマやチームワークなど，適性を考える必要がある
代表的分野	デパート・スーパー・専門店・量販店・ディーラー
期待する人材・資格	・明るく社交的，センスの良さ ・販売士，サービス接遇検定
試験対策	・各店舗や商品の特徴を，事前に観察・研究する ・スタッフの動きや雰囲気をつかみ，面接で活かす ・筆記対策として，計算に関わる問題を幅広く行っておく ・笑顔と，言葉遣いと，大きな声がポイント

表Ⅰ-8 製造業界

仕事内容	車・電器・食品等，形のあるものを製造・生産する
現状	・景気好転による設備増加や消費拡大で増産し，活況である ・原材料費や，世界の景気動向に左右される
特徴	・3Kとして若者から敬遠され，外国人の参入が増加 ・現場の変形勤務体制と，営業や総務などの通常勤務がある ・作業ラインとデザインや開発等，クリエイティブ部門もある
代表的分野	自動車・製鉄・家電・飲料・食品などのメーカー
期待する人材・資格	・業務が多様で，さまざまな人を適材適所で活用 ・理系の専門知識，生産・財務・営業の各スキル，QC知識
試験対策	・筆記対策は，第一次試験として必要 ・面接では，製品への愛情を伝える ・体力，根性，協調性が歓迎される（クラブ活動経験など）

表Ⅰ-9 情報・通信業界

仕事内容	システムの開発・通信サービスや，出版・メディアなど
現状	パソコン・スマホやタブレットなどの販売は活況だが，出版や新聞業界などは，文字離れで苦しい状況
特徴	・創造力や企画力など，専門的能力や技術が必要 ・システム開発では，文系出身者も多く活躍 ・ショップ関係はノルマもあり，勤務体制もハード
代表的分野	IT関連・携帯ショップ・新聞や放送などのマスコミ
期待する人材・資格	専門的能力や，想像力・企画力・プレゼン力・語学力
試験対策	・SPI3，玉手箱，CABなどの筆記試験対策が必要 ・エントリーシートが重要で，しかも文章量が膨大 ・語彙力，専門用語を身に付けておくことが大切

表Ⅰ-10　サービス業界

仕事内容	接客など，形のないものを提供する
現状	観光が活発化し，業界もにぎわってきた。グローバル化が進む業界の一つで，語学力が有効。人手不足の業界でもある
特徴	・観光の活況で，エアライン・ホテル等が正社員採用増 ・医療や福祉は，今後ますますニーズが拡大する ・体力的や時間的にハードな面がある ・「この仕事が好き」が，必要第一条件 ・ユニフォームがあり，社員優待などもある
代表的分野	ホテル・飲食店・旅行社・エアライン・ブライダル・病院
期待する人材・資格	第一印象や言葉遣いの良さ・洞察力・語学力・ホスピタリティ
試験対策	・面接重視のため，好印象作りと話し方を練習する ・企業のキャッチフレーズやＣＳなどを研究する ・知人などの紹介も大きな力

Let's Try

〜 会社名を言えるかな？ 〜

それぞれの業界内の会社名を，知っているだけ書き出してみよう。

【金融】

【流通・小売】

【製造】

【サービス】

【情報】

Let's Try

～ 業界や企業を調査・研究するときに有効な，チェックリストを作成しよう ～

企業名（業界）	
本社所在地	
TEL / mail	
代表取締役社長	
設立・事業内容	
経営理念・方針	
昨年度売上高	
メインバンク	
キャッチフレーズ	
ライバル社・商品	
客層・取引先	
現場見学後の感想	

（2）部門の特徴

　企業では，立場を決めて命令や責任の流れを明確にしたり，役割を分担することで，仕事の効率アップやミスの軽減を図っている。このそれぞれの立場を部門といい，その部門

表Ⅰ-11　ライン部門

部門	業務・役割
営業・販売	・商品やサービスを顧客に直接説明・販売する，重要な仕事 ・自分自身が商品を愛し，多くの客や，企業・店舗で購入してもらえるようにプレゼンテーションする
購買・材料	・商品をつくるための，材料や必要なものを購入する ・良い物をより安く，確実に，コンスタントに購入できるように計画・実行する
生産・製造	・製造ラインを管理・運営し，品質保証を行う ・規格通り，期日通りに，決められた数量を作り出す
開発・研究	・商品の開発や，基礎研究・仕様の変更などを行う ・より便利で，美しく，楽しく，安い・良いものを創り出す

表Ⅰ-12　スタッフ部門

部門	業務・役割
総務・庶務	・経営管理や，社内外との対応を行う ・社内外の人がスピーディーに気持ちよく仕事ができるように準備する
人事	・人材の採用・教育，社員の人事考課・福利厚生などを行う ・良い人材を探して育て，活用することと，働くモチベーションを支える
財務・経理	・資金調整・税務管理・内部留保の資産運用や，資金収支を管理・運用する ・コンプライアンスを守り，公明で，効率的な運営をする

の中で具体的にどのような仕事をするのかを職種という。それぞれの部門の役割や業務内容を知ることによって「やってみたい仕事」の発見に近づくことができる。

また，各部門の中で企業に直接的に利益を生む基幹的な部門を，ライン部門という。そのライン部門を支え，「縁の下の力持ち」として企業の運営にあたり，主に事務的業務を担当しているのが，スタッフ部門である。代表的な部門と業務内容は，表のとおりである。

（3）職種とは

生活を維持するために仕事として行っている，具体的な仕事内容のことを職種といい，「日本標準職業分類表」によって分類されている。

職種は，一人ひとりの仕事の種類を表し，日常業務の一般的呼び名といえる。

学んだ専門知識や資格を活かせる職種につくこともあれば，スタート時と全く異なる職種につくこともある。そしてその職種は，自分で選んだ場合もあれば，与えられた場合もある。あるいは，偶然出会う場合もある。いずれの場合も，その職種・業務に常に前向きな気持ちで一生懸命取り組むことによって，新たな自分の能力や魅力が生まれてくる。

Let's Try
～ まとめてみると ～

[どこで働くの]
　⇒　○○百貨店・○○運送・○○ホテル　→　仕事場を指す

[なにをするの]
　⇒　販売・事務・接客　→　人を指す

[具体的な仕事は]
　⇒　化粧品販売・経理事務・フロント業務　→　仕事内容を指す

3．適性を知る

　ある一定の活動や業務などに適した性格・性質を備えているかどうかを，適性という。
　私たちはさまざまな性格や能力や興味を持ちあわせている一方，経験や年齢を重ねていく中で，持っている能力や興味も変化していく。その変化の中で，自分自身の「今・この環境」において「できること」「好きなこと」「やりたいこと」「がんばれること」を考えて，仕事を見つけることが大切である。

- どのような自分を目指すのか
- そのために，どのような活動をするのか
- 良い結果に向けて活動するためには，なににポイントを置くのか
- そのポイントをクリアするために，「なにが」「誰が」「どのように」影響するのか
- それには今，なにが足りないのか

などを，じっくりと時間をかけて考える必要がある。「急がば廻れ」である。

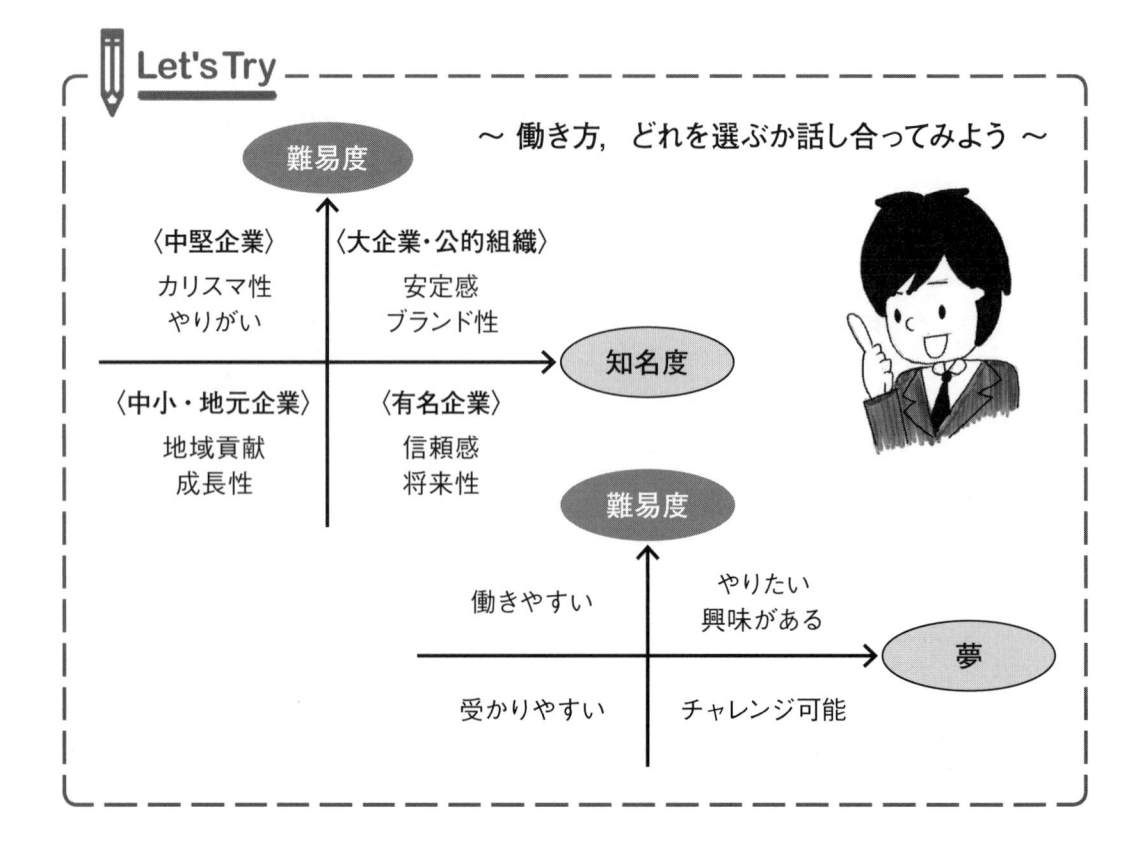

Let's Try

〜 働き方，どれを選ぶか話し合ってみよう 〜

縦軸：難易度／横軸：知名度

- 〈中堅企業〉 カリスマ性　やりがい
- 〈大企業・公的組織〉 安定感　ブランド性
- 〈中小・地元企業〉 地域貢献　成長性
- 〈有名企業〉 信頼感　将来性

縦軸：難易度／横軸：夢

- 働きやすい
- やりたい　興味がある
- 受かりやすい
- チャレンジ可能

Let's Try

～ 適性を見つけよう ① ～

自分が大切と考えるものを，下の言葉の中から5つ選び，表を完成させよう。
選んだ言葉のグループによって，自分の考え方を見つけるきっかけにもなる。

【お金】	【仕事】	【生き方】	【人間関係】
現金	地位	健康	友人
財産	権力	社会貢献	恋人
家・土地	仕事	名誉	家族
名誉	時間	生きがい	恩師
安定	評判	夢	上司
	顧客	家柄	自分自身
		故郷	

⬇

大切なもの　⇒　なぜ，大切なのか　⇒　それを得るためには？

1.　　　　　⇒　　　　　　　　　　⇒

2.　　　　　⇒　　　　　　　　　　⇒

3.　　　　　⇒　　　　　　　　　　⇒

4.　　　　　⇒　　　　　　　　　　⇒

5.　　　　　⇒　　　　　　　　　　⇒

Let's Try

〜 適性を見つけよう ② 〜

自分の性格に合う「好きなこと」と思うものを一つ選び，順に具体的に書き出していこう。目指す会社を見つけるきかっけとなる。

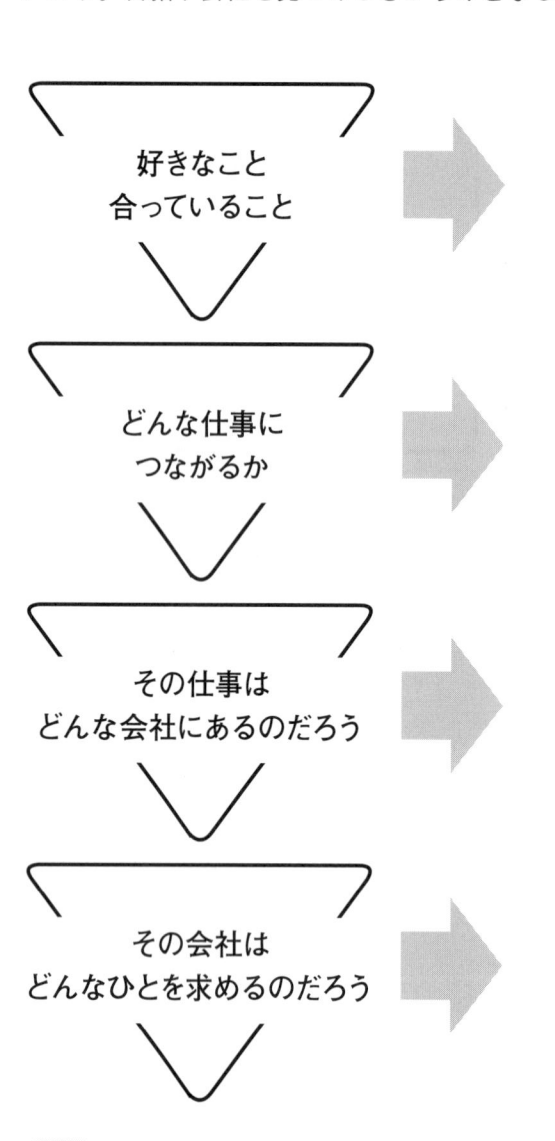

▽ 好きなこと
　合っていること
→

▽ どんな仕事に
　つながるか
→

▽ その仕事は
　どんな会社にあるのだろう
→

▽ その会社は
　どんなひとを求めるのだろう
→

➡ まとめてみると…

まとめ

(例)のように，目指す企業の求人票のポイントを比較チェックしよう。

項目／社名	(例) A社		
職種・内容	販売・営業		
雇用形態	正社員		
勤務地	大阪・京都		
時間・休日	9：00〜18：00 週休2日（シフト）		
基本給	185,000円		
手当	住宅 20,000円		
通勤費	50,000円		
賞与・昇給	賞与・夏・冬 昇給1回		
セミナー予定	3/1・4/1		
エントリー方法	ホームページから		
試験内容	筆記 SPI・作文 面接		
提出物	履歴書 成績証明書		
採用人数	20名		
担当窓口	人事部　山本		

第4章 キャリアデザインと法律

本章では，キャリアデザインに必要な法律として，労働法と社会保障法の2つに焦点をあてて説明する。

これから経験する「就職」「出産」「育児」という3つのライフステージにおいて，法律がどのように関わってくるのかについて知識を深め，これらの法律知識が将来に役立つことを学んでいこう。

1．就職と法律

正規雇用社員として就職するか，非正規雇用社員として就職するかによって，給与や仕事の内容だけでなく，法律上の取り扱いも大きく変わってくる。

ここでは，労働法と社会保障法の2つの法律から，両者の違いをみていこう。

（1）正規雇用社員と非正規雇用社員

① 正規雇用社員とは

正規雇用社員とは，雇用期間の定めがない社員のことをいい，多くの場合，定年まで雇用される社員のことをいう。

② 非正規雇用社員とは

非正規雇用社員とは，雇用期間の定めのある社員のことをいい，アルバイトやパート，契約社員や嘱託社員などのことをいう。

一般に，正規雇用社員は正社員と呼ばれ，非正規雇用社員は非正社員と呼ばれることが多い。そこで本章では，以下，正社員・非正社員という表現を用いてすすめていく。

（2）労働法から見る正社員と非正社員の違い

① 労働法とは
　「労働法」とは，労働者（雇われている者）を保護するための法律の総称である。この労働法の中心となるのが「労働基準法」である。
　「労働基準法」とは，労働者を保護することを目的として，労働条件の最低基準や解雇に関するルールなどを定めた法律である。労働法のなかでも，特に重要な法律である「労働基準法」「労働組合法」「労働関係調整法」をまとめて「労働三法」という。

② 正社員と非正社員の違い
　正社員と非正社員を比べて，一番大きく異なってくるのが「解雇」の場面である。
　実は労働法上は，正社員・非正社員とも，正当な理由がない限り会社の都合だけで解雇することはできないことになっている。

コラム

〜「労働者」とは 〜

　「労働者」とは，雇われて働くすべての者をいう。
　実は，法律上，正社員や非正社員について明確な定義はなく，正社員も非正社員も同じ労働者である。そして，労働法は，すべての労働者を守る法律なので，正社員も非正社員も関係なく，適用されるのが基本である。
　しかし，現実は，正社員と非正社員が等しく取り扱われているとはいえない。例えば，法律上は，アルバイトやパートなどの非正社員であっても，要件を満たせば有給休暇を取得できるが，アルバイトが有給休暇を取得するのは現実的ではないことは理解できると思う。
　このように，法律ではこうなっているが，実際はそうではないということも学ぶ必要がある。

しかし，非正社員は，雇用期間が終了したとき，会社はこれを更新しないことによって事実上解雇することが可能となる。

この点が正社員と非正社員との大きな違いであり，そのため非正社員の身分は不安定であるといわれる（表Ⅰ-13）。

表Ⅰ-13　労働基準法の主な規定

労働契約	労働契約には，賃金・労働時間・その他の労働条件を明示する必要がある。労働基準法で定める基準に達しない労働条件は無効とされ，無効となった部分については，この法律で定める基準がそのまま適用される
労働時間	労働時間は，原則として休憩時間を除き1日8時間，1週間40時間を超えてはならない
休　日	使用者（会社）は，労働者に少なくとも毎週1回，または，4週間を通じて4日以上の休日を与えなければならない
時間外手当	使用者は，時間外に労働（残業）させた場合には25％以上の割増賃金を，休日に労働させた場合には35％以上の割増賃金を支払わなければならない また，深夜（午後10時から午前5時まで）に労働させた場合には，25％以上の割増賃金を支払う必要がある
解雇制限	労働者を解雇するときは，30日前に予告するか，30日分の賃金を支払う必要がある（懲戒解雇の場合を除く）。また，労働者が業務上の負傷・疾病のため休業する期間とその後の30日間，女性の産前産後の休業期間とその後の30日間は解雇することはできない。なお，解雇は，合理的な理由がなく，社会通念上相当でない場合は無効とされる
女性・妊産婦の保護	妊産婦を重量物を取扱う業務など，妊娠・出産・育児等に有害な業務に就かせることはできない。また，出産予定の女性から請求があったときは，産前産後6週間（多胎妊娠の場合は14週間）は就業させることはできない。妊産婦が請求した場合には，時間外労働，休日労働または深夜業をさせることはできない。生理日の就業が著しく困難な女性が休暇を請求したときも，就業させることはできない

（3）社会保障法から見る正社員と非正社員の違い

① 社会保障法とは

「社会保障法」とは、病気やケガ、老齢や障害などという、さまざまな生活上の困難に対して国が私たちの生活を安定させるために作った法律の総称である。

日本の社会保障法は、次の表Ⅰ－14のように分類される。

表Ⅰ－14　日本の社会保障法

社会保険法	病気やケガ・出産・死亡・老齢・障害・失業などに対して、保険というしくみに基づき、一定の給付を行うことを目的とする法律
社会福祉法	老齢や障害・母子家庭など、社会生活上のハンディのある国民が、安心して生活を営めるように支援を行うことを目的とする法律
公的扶助法	生活保護法など、生活に困窮する国民に対して最低限度の生活を保障し、自立を支援することを目的とする法律
医療衛生法	国民が健康に生活できるように、医療の整備や環境衛生の改善、伝染病の予防などを目的とする法律

② 社会保険法と社会保険（公的保険）

「社会保険法」に基づく「社会保険（公的保険）」とは、国が法律に基づいて運営している保険のことをいう。「保険」とは、このような病気やケガなど、偶然に発生する事故によって生じる経済的損失に備えて、その保険に加入するメンバー（被保険者）が、お金（保険料）を出し合い、それを資金として、そのメンバーの中で一定の事故にあった者に対して一定の金銭を支払うしくみのことをいう。

現在日本には、（ア）医療保険、（イ）年金保険、（ウ）雇用保険、（エ）労災保険、（オ）介護保険の、5つの社会保険がある。社会保険は、働く者の生活基盤を守る大切な制度なので、社会に出る前に十分な知識を得ておく必要がある。それぞれの保険の内容や特徴をみていこう。

コラム

～ 社会保険と民間保険の違い ～

　社会保険は，必ず加入しなければならないルールとなっている。

　したがって，企業が正規で社員を雇った場合は，その者を厚生年金保険や健康保険に加入させなければならない。これを強制加入という。

　これに対し，民間保険は任意加入であり，必要と考える者が加入すればよいのが基本である。民間保険は，たとえば生命保険や火災保険など，民間の保険会社が運営している。

　また，医療保険や年金保険には，国が運営するもの（社会保険）と，民間の保険会社が運営するもの（民間保険）がある。

（ア）医療保険（公的医療保険）とは

　「医療保険」とは，現在病気やケガなどでかかった医療費の7割（原則）が支給される保険のことをいう。医療保険から医療費の7割が支給される場合，私たちは病院の窓口で残りの3割の費用を支払うことになる。この3割を自己負担（窓口負担）割合という。

　自己負担割合は，現在，次のように年齢ごとに定められている。

- 小学校入学前の者……2割
- 小学生から70歳までの者……3割
- 70歳から74歳の者……2割
- 75歳以上の者……1割

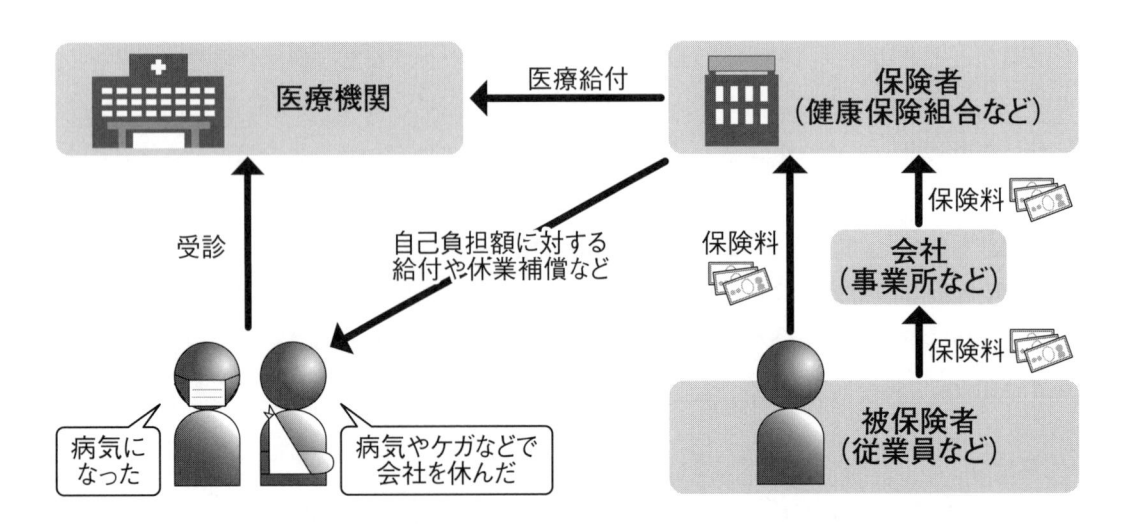

現在，日本には次の4つの医療保険がある（表Ⅰ-15）。

表Ⅰ-15　公的医療保険

健康保険	正社員やその家族を対象とする医療保険
国民健康保険	自営業や非正社員などを対象とする医療保険
共済保険	公務員や教職員を対象とする医療保険
後期高齢者医療制度	75歳以上の者を対象とする医療保険

　正社員は健康保険に加入する。この場合，健康保険の保険料の半分は会社が負担しなければならない。このように保険料を社員と会社が半分ずつ負担することを，「労使折半」という。

　非正社員は，健康保険に加入できない場合が多く，その場合は国民健康保険に加入する。この国民健康保険の場合，保険料は加入者本人が全額負担する。

コラム

～ 健康保険と国民健康保険の違い ～

　健康保険・国民健康保険とも，基本的にその給付内容は同じである。
　ただし，健康保険は「被保険者」（正社員本人）だけでなく，その「被扶養者」（正社員の家族）も対象としている点が，国民健康保険と異なる。
　たとえば，正社員である夫が健康保険に加入していれば，「被扶養者」の要件を満たすその妻や子どもも，夫の健康保険が使えるということである。
　この「被扶養者」というしくみと，女性のキャリアとの関係については，次の年金保険のところで考えていこう。

（イ）年金保険（公的年金保険）

「年金」とは，毎年支払われる一定額の金銭のことをいう。「年金保険」とは，高齢になったり，障害を負ったり，あるいは，遺族となった者に対して，一定額の金銭（老齢年金・障害年金・遺族年金）が支払われる保険のことである。

日本には，次の2つの年金保険がある（表Ⅰ－16）。

表Ⅰ－16　公的年金保険の種類

国民年金保険	20歳以上のすべての国民を対象とする年金保険
厚生年金保険	主に正社員を対象とする年金保険（共済年金保険と統合）

正社員は，国民年金保険と厚生年金保険の2つの年金保険に加入することになる。この保険料の半分は会社が負担する（労使折半）。

非正社員の場合は，厚生年金保険に加入できないことが多く，その場合，国民年金保険にのみ加入することになる。国民年金保険の保険料は，全額本人負担となる。

この年金保険の被保険者は，次のように分類される（表Ⅰ-17）。

表Ⅰ-17　年金保険の被保険者

1号被保険者	自営業者や非正社員など，国民年金保険にのみ加入している者
2号被保険者	正社員など，厚生年金保険にも加入している者
3号被保険者	専業主婦など，2号被保険者の被扶養配偶者

年金保険の保険料は，次のとおりである。
・1号被保険者は，月額16,900円（2017年度）の保険料を支払う必要がある。
・2号被保険者は，給与額の約18％（2017年度）の保険料を支払う必要がある。ただし，その半分の約9％は会社が負担する。
・3号被保険者は，保険料を支払う必要はない。

コラム

～ 年金っていくらもらえるの？ ～

　原則として65歳以上になると，国民年金保険からは老齢基礎年金が，厚生年金保険から老齢厚生年金が支給される。
　この年金の額は，年金保険への加入期間や，もらっていた給与の額によって異なる。
　現在，正社員であった者には，国民年金保険と厚生年金保険から，平均で約15万円の年金が支給されている。
　非正社員であった者で，国民年金保険にしか加入できていなかった者には，月額で平均約5万円の年金が支給されている。
　今後，少子高齢化によって，老齢年金の支給額は減少していくことが予想される。また，老齢年金の支給開始年齢が引き上げられることも考えられる。

> **コラム**
>
> ### 〜 130万円のカベ 〜
>
> 　健康保険と厚生年金保険には，「被扶養者」という言葉が登場する。
> 　被扶養者とは，被保険者によって扶養されている者のことをいう。
> 　被扶養者は，自分では保険料を支払わずに，被保険者の加入する保険から給付を受けることができる。
> 　この被扶養者と認められるためには，年収が130万円未満でなければならないという要件がある。
> 　たとえば，正社員である夫の妻が，夫の被扶養者となるには，パートなどによる年収が130万円未満でなければならない。130万円を超えてしまうと，妻は被扶養者ではなくなり，自分で医療保険や年金保険の保険料を支払わなければならない。
> 　近年，このような仕組みが女性の自立やキャリアアップを妨げているという指摘がなされている。

（ウ）雇用保険

　雇用保険とは，失業した場合や，育児休暇などを取得した場合に，一定の金銭が支払われる社会保険のことをいう。

　雇用保険は，正社員・非正社員ともに対象となるが，1週間の労働時間が20時間以上という要件が必要なため，加入できない非正社員も少なくない。

　雇用保険の保険料は，約6割を会社が負担する。

（エ）労災保険

　労災保険（労働者災害補償保険）とは，仕事中や通勤途中のケガなどに対して一定の給付を行う社会保険のことである。たとえば，仕事中にケガをしたために病院で治療を受けた場合，労災保険から治療費の全額が支給される。

　労災保険は，正社員・非正社員ともに対象となる。保険料は，全額会社が負担する。

（オ）介護保険

介護保険とは，高齢のため寝たきりになったり，認知症などで介護が必要になった者に対して，介護サービスを提供する社会保険のことである。

介護保険は，40歳以上の国民を対象とし，保険料は被保険者の収入に応じて徴収される。介護サービスが必要となったときには，介護保険から介護費用の9割が支給される。

③ 労使折半と非正社員

「労使折半」という言葉から，正社員と非正社員について考えてみよう。

正社員として就職するということは，基本的に，その会社で定年までお世話になるという意味もある。このように考えると，企業には，正社員として雇った者の人生に対して大きな責任があるといえる。

また，働く側にとっては，正社員として就職することで，将来を見据えて計画を立てることができる。また，キャリアアップの機会を得たり，結婚や出産ということが見えてきたり，という現実もある。

正社員に対する企業責任の一つとして，企業は，正社員を健康保険や厚生年金保険に加入する手続きを行い，さらにその保険料の半分を負担しなければならない。

しかし，働き方が多様化し，非正社員が増加している現状では，このような正規・非正規という区別を前提とした社会保障の仕組みを見直していくべきだという意見もある。このような日本型雇用慣行については，現在多くの論争が行われている。

2. 出産・育児と法律

（1）出産

① 出産休暇（産休）
　「労働基準法」は，仕事を続けながらでも出産できるように，女性労働者が出産するときは，出産休暇（産休）が取得できるようにしている。
　出産休暇は，最高で産前6週間，産後8週間まで取得することができる。

② 出産に関する給付
◆出産育児一時金
　出産に際しては，医療保険から出産育児一時金として42万円が支給される。
　出産育児一時金は，健康保険・国民健康保険のどちらからも支給される。
◆出産手当金
　健康保険の加入者である女性が出産のため会社を休む場合，それまでもらっていた給料の3分の2にあたる金銭が支給される。これを出産手当金という。
　ただし，国民健康保険には，この出産手当金の制度がない。

（2）育児

① 育児時間の請求
　「労働基準法」に基づき，1歳未満の乳児を育てる女性労働者は，休憩時間のほか1日2回，少なくともそれぞれ30分ずつ，授乳など育児のために必要な時間を請求することができる。

② 育児休業

「育児・介護休業法」に基づき，労働者は，子どもが1歳になるまでの間，育児をするための休暇（育児休業）を取得することができる。育児休業は，出産休暇と異なり，男女問わず取得することができる。なお，保育所への入所を希望しているが入所できない場合などは，子どもが1歳6か月になるまで育児休業を延長することができる。

雇用保険に加入している者が育児休業を取得したときは，雇用保険から育児休業給付金として，それまでもらっていた給与の50％の金銭が支給される。なお，少子化対策の一環として，最初の6か月間は67％の支給となっている。

育児休業中は，健康保険および厚生年金保険の保険料が免除される。

コラム

〜 育児休暇の現状について 〜

育児休業の取得率は，女性83％，男性2％となっている（2013年度厚生労働省調査）。

男性の取得率の低さも問題だが，女性の取得率の計算においては，出産・育児のために退職した女性が含まれていないという問題がある。すなわち，この83％という数字は，出産後も仕事を続けられる環境にある女性（大手企業の正社員など）が育児休業を取得した割合であり，現実には出産・育児のために多くの女性が退職を余儀なくされ，キャリアを中断せざるを得ないという現状がある。

また，法律上は一定要件を満たした非正社員も育児休業を取得できることにはなっているが，実際に取得するのは困難な状況である。

（3）看護休暇

「育児・介護休業法」に基づき，労働者である親が子どもを看病するために，子ども1人あたり1年間で最高5日間まで取得できる休暇である。

（4）児童手当

「児童手当法」に基づき，中学生までの子どもを育てる保護者に対しては，児童手当が支給されている。

2015年現在の支給額は，次のとおりである（表Ⅰ－18）。

表Ⅰ－18　児童手当の支給額（2015年）

3歳未満	月額 15,000 円
3歳から小学校修了前	第1子・第2子　月額 10,000 円 第3子以降　月額 15,000 円
中学生	月額 10,000 円

コラム

～ 児童扶養手当について ～

さまざまな事情で，シングルマザー（母子家庭）となる女性が増加している。シングルマザーの8割以上は，仕事に就いてはいるが，子どもを預けられないなどという理由から，その多くが非正社員という現状がある。

そのため，母子世帯の就労による年間収入は平均181万円となっており，多くのシングルマザーは経済的に非常に苦しい状況にある（厚生労働省「平成23年度全国母子世帯等調査結果」）。

シングルマザーに対しては，「児童扶養手当」として，児童1人あたり，最高で月額42,000円（2015年現在）が支給されている。

しかし，諸外国と比べ，日本のシングルマザーに対する支援は極めて不十分だといわれている。多くのシングルマザーは非正社員として働かざるを得ないため，キャリアアップを図ることが難しいことも問題である。

3．法律知識をキャリアデザインに活かす

　キャリアデザインには，夢や希望，目指す職業に対する勉学努力などだけでなく，現実がどのようになっているかについても知ることが大切である。そのためには，経済の状況や社会のしくみを正しく知ることが重要となる。

　本章では，キャリアデザインに関わる社会のしくみの一つとして，特に労働と社会保障に関する法律を中心に学んできた。

　アルバイトやフリーターを選ぶ理由として，「自分の好きな仕事が見つからない」「アルバイトの掛け持ちをすれば，正社員の1か月分の給料よりも多い収入を得ることができるので毎日の生活には困らない」「アルバイトならば，自分の興味のある職種や業種を自由に選ぶことができ，勤務時間も自分の生活に合わせて調整することができる」などがあげられている。

　しかし，労働法や社会保障法という法律だけを見ても，生きる基盤である生活の安定や，将来を視野に入れたライフプランを考えたとき，正規雇用社員と非正規雇用社員とでは大きな差が生じていることがわかる。

　一方で，日本は世界中のどの国も経験したことがない，超少子高齢社会に突入している。しかも，働き方や家族のかたちも多種・多様になってきている。

　働き方についても，今後10年から20年ほどで，現存する職業の約50％の仕事が自動化され，20年後の若者は，今は存在していない新しい職業に就く可能性が高いという研究もある。しかし，どのように職業の種類や働き方が変化しても，私たちは職業を持ち，夢や可能性を織り込んだキャリアデザインを行い，それらのキャリアを重ねながら，人生を切り開いていかなければならない。

　そのような社会において，法律そのものも時代の大きな変化に対応するために，さまざまな改定を行いながら，なお一層のよりよい社会に向けて新たな改善・改正の必要性に迫られている。私たちは，今後どのように法律が変わっていくかについて十分な情報を得て，法律知識を生かした，より良いキャリアデザインを築き上げていかなければならない。

Let's Try

〜 まとめてみよう！ 雇用と社会保険 〜

1. 正社員が加入する社会保険と，非正社員が加入する社会保険を比べてみよう。

	正社員	非正社員
医療保険		
年金保険		
その他		

2. 年金保険の被保険者について説明してみよう。

1号被保険者	
2号被保険者	
3号被保険者	

3. Aさんは，短大卒業後，正社員として就職しました。その後，結婚・出産を機に退職し，育児が一段落した後，契約社員として再就職しました。その後しばらくして，Aさんは，再び正社員となることができました。就職・退職・再就職それぞれの段階で，Aさんは，どのような年金保険や医療保険に加入したか考えてみよう。

就職（正社員）	
退職	
再就職（契約社員）	
再就職（正社員）	

Let's Try

〜 まとめてみよう！ 労働法と手当 〜

1. 労働基準法では，労働時間や時間外手当，解雇についてどのように規定されているか説明してみよう。

労働時間	
時間外手当	
解 雇	

2. 出産や育児に関して，どのような手当があるか説明してみよう。

出産育児一時金	
出産手当金	
育児休業給付金	
児童手当	

第Ⅱ部

就職活動の基本

　就職に関する事情は，いつの時代でも経済界の都合と状況が大きく影響し，私たち学生の予想や予定通りにいかないのが現実である。その経済界も，政治やグローバル化による諸外国の状況で変化をしていく。したがって，いつも「これで大丈夫」というルールや王道がないのが，就職活動の難しさである。

　そのような中で，不安や疑問を一つずつ解決していきながら，社会人としての基礎を作り上げていくことが，本来の就職活動である。

　なにごとも「一朝一夕」には成功しない。就職戦線という長いマラソンでは，補給水としての「情報収集」と，コーチの声掛けのような「周囲のアドバイス」を上手に活用し，目指すゴールに向かってせいいっぱい頑張ろう。

第1章 就職戦線へ向けて

　経済界は「アベノミクス」や「グローバル化」「円安効果」「外国人観光客倍増」など，活況な様相である。企業が元気で，将来へ力強い動きをみせている現在，労働市場も明るくなり，新卒採用に関しても良い状況となってきている。

　とはいえ，IT化やロボット化などと共に，外国からの優秀な人材の登用や労働力もあり，希望する就職への道のりが厳しいことには変わりがない。自分にとって良い就職ができるように，しっかりとした準備と努力をしていこう。

1．就職試験とは

　就職試験は，自分で選んだ舞台へ上がるための大きなハードルである。小・中・高・大と進んできた学校での学びや，家庭・地域・友人などと培ってきた自分の人間性を，精一杯効果的にPRし，伝えることが大切である。どのような結果が出ても，それは「縁」と「タイミング」と「相性」によるところも大きく，自分の能力を否定する必要はない。どのような結果でも，その経験を土台に次のステップに進むことが大切なのである。

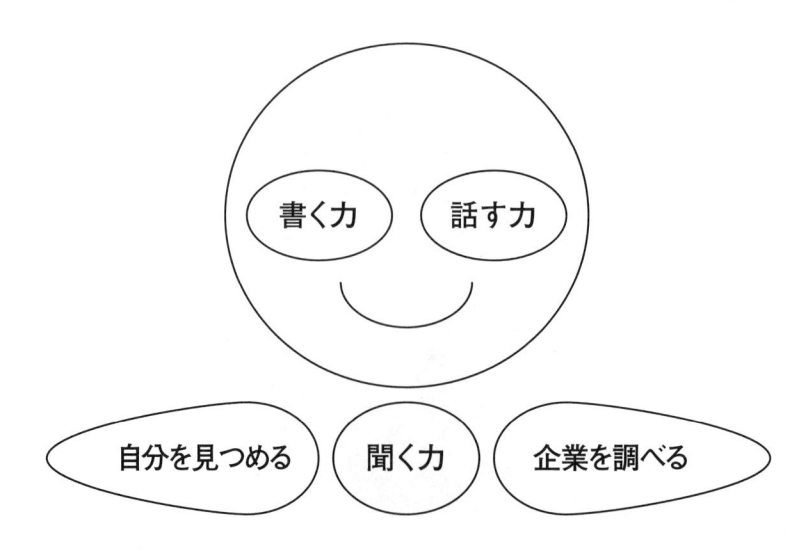

（１）試験の種類

　就職試験には，大きく分けて「筆記試験」と「面接試験」がある。「筆記試験」は，文字通りペーパーテストだが，その中でも最近は金融関係を中心に，Ｗｅｂ上で行う試験が多く見受けられ，このＷｅｂ試験の結果によって，次の面接試験に進むケースが多い。

　また，「面接試験」は，試験官と対面してその質問に答える形で実施される。その質疑応答の中で，人柄や性格・能力が判断されることになる。

　そして，この筆記と面接の二つの試験の前に，履歴書やエントリーシートの内容を査定する「書類選考」がある。これらの試験の概要は，以下のとおりである。なお，それぞれの詳細は，第３章の「実務」で述べる。

① 書類選考
◆履歴書

　氏名や住所などの基本情報をはじめ，学業や職業の経歴，自己ＰＲや趣味・特技など，人物の状況を記載し，写真を貼付することで本人確認ができる書類である。採用後も人事書類として，社内で大切に保管される，重要な公的文書である。

　この履歴書は，就職活動では必ず提出が求められ，その後の面接試験においても参考資料として活用されるため，提出に際しては必ずコピーを取り，手元に置いておこう。

◆エントリーシート

　履歴書に加えて，企業が独自に設定した質問シートで，事前に提出が義務付けられることが多く，「これまでの経験で困難なことをどのように乗り越えてきたか」「入社後どのような職種を希望し，10年後にはどのような社員になっていたいか」など，これまでの体験や入社後の仕事に関する質問が多い。このシートは多数の応募者を絞り込むために実施されるもので，その記載内容によって次の選考に進めるかどうかが判断されるため，論理的で説得力のある文章を考えなければならない。また，履歴書と同様にその後の面接試験でも参考資料として質問に活用されるため，提出に際しては写しを必ず保管しておこう。

　エントリーシートのポイントは，設問の意図を正確に理解して，正しい日本語で，はじめにしっかりとした結論を書き，わかりやすい文にすることである。

② 筆記試験
◆基礎能力を問う試験
　専門の業者が作成した試験が多く，ＳＰＩ３（Webテストでよく使用される），玉手箱，ＧＡＢ，ＣＡＢ，クレペリン検査などである。
　その他に，応募する企業が独自に作成した問題で，簡単な損益計算や語句の用法を問う試験など，業務に必要な基礎能力をチェックするための筆記試験がある。
◆時事問題
　政治・経済における国内外の情勢に関する言葉の理解を問うもので，穴埋め問題や用語の解説などが多く，新聞を読むことが強力な対策となる。
◆作文
　あるテーマ，たとえば，「あなたにとって仕事とはどういう意味をもちますか？」などについて，規定の時間内に指示された文字数で，自分自身の意見をまとめるものである。考え方が論理的に述べられているかなどが判断される。

③ 面接試験
◆個人面接
　１人，または複数の面接官と１人の受験者で行う。かなり突っ込んだ質問があるため，充分な準備が必要である。この個人面接は，２次・３次と面接が進んだ場面で実施されるケースが多く，選考所要時間も長くなる。他の受験者がいないので，自分のペースで応答ができる反面，履歴書やエントリーシートに書いた内容を掘り下げて質問されるため，自分自身の考え方をしっかりとまとめておかなければ，対応できない。
　集団面接にも共通することであるが，面接試験では面接官の目や口元に視線を合わせながら話すことが基本で，笑顔で明るく元気に質問に答えることが，高評価につながる。
◆集団面接
　１人，または複数の面接官による，受験者２〜５名程度の面接で，集団の中で他者と比較される。主に１次や２次面接など，就職試験の初期の段階で実施される場合が多い。多くの受験者をふるいにかけるため，短い時間で選考されることが多い。限られた時間内に他の受験者との差別化を図り，印象に残る内容を的確に伝えることが求められる。
　一方，同席の受験者に圧倒されたり，自分のペースを乱されたりすることがあり，他人の影響を受けないよう，自信を持って対応することも大切である。
◆圧迫面接

圧迫面接とは，面接官が非常に高圧的な態度や言動を浴びせることで，受験者がどの程度平静を保ち的確に受け答えができるか，その忍耐力と対応能力を試す方法である。威圧に驚いて言葉が出なくなったり，粗暴な言葉に挑発されないよう，平静を保ちながら対処するゆとりと冷静さを持つことである。

◆**リラックス型**

　非常に和やかな雰囲気と日常会話のような質問で受験者をリラックスさせ，本当の性格や本音を引き出す方法である。親しげなムードに気を抜いて本音を語ると思わぬ結果を招くので，注意が必要である。

◆**グループディスカッション**

　最近，多くの企業で採用されている討論型の試験で，コミュニケーション力・プレゼンテーション力をはじめ，リーダーシップや協調性・判断力・常識力を見極めるのに適していると言われている。

　5～6人の初対面同士の受験生が，あるテーマについて議論をし，グループとしての意見をまとめる。その行動によってチームワークの発揮やチーム内でのコミュニケーション能力を確認し，それぞれの行動特性を調べることを目的としている。そして，そのプロセスの中で各自がどのような役割を積極的に演じたかを，観察・評価している。

◆**グループワーク**

　5～6人の受験者に課題を与え，結果を推察し，その結果に向けてチームで協力し，お互いの考えや情報を提供し合いながら，自分の立場を知り，相手の立場や心を尊重しながら時間内にゴールを目指す試験である。

コラム

～ 地図を作ろう ～

　大きな町の地図が渡され，ある病院（3軒ある）に入院している友人を見舞うという設定で，各個人にカードを配布する。

　各カードには，「病室の右側の窓からは山が見えます」「橋を渡ります」など，断片情報が書かれている。お互いにカードの情報を言葉で伝え合い，推察力で目的の病室を見つける問題である。このグループワークはアメリカの代表的なビジネスコミュニケーションゲームである。

ここでも，グループディスカッションと同様に，ゴールまでのプロセスで，一人ひとりが自分の特性を活かしつつ，いかに社会性やリーダーシップと洞察力・判断力があるかが求められる。実施するにあたり，大きな視点で物事を見る力と，相手の心理をくみ取る力など，ビジネス上で求められる多くの能力を発揮することが必要となる。

表Ⅱ-1　書類選考

履歴書	人物 能力	・学歴・職歴・写真 ・資格・得意科目・ゼミ ・特技・趣味
エントリーシート	自己PR	・どのようなことを学び，どのような強みがあり，どのようなことをしてきたか ・結論を書き，箇条書き的に理由・説明する
	志望動機	・企業の理念や業務内容 ・学びと資格の活用 ・将来の夢とのつながり

表Ⅱ-2　筆記試験

基礎能力試験	SPI 2 SPI 3 玉手箱	・Webテストが多い ・金融・大企業に多い ・基礎学力・判断力・思考力
適性テスト	GAB CAB クレペリン	・中小企業等に多い ・業務適性・性格・行動傾向
企業独自の常識試験	計算 言語 時事	・割合計算・四則計算 ・語句・四字熟語・ことわざ ・政治・経済用語
作文	60分型 120分型	・800～1200字程度 ・1600字程度 ・論理思考力，結論と理由説明

Let's Try

～ 憧れの人のデータを作ろう ～

歴史上の人物，タレント・俳優，芸術家，スポーツ選手など，あこがれの人や理想の人をひとり選び，面接時の話題として活用しよう。

項　目	内　容
あこがれの人・理想の人の名前	
生年月日・性別・出身地・血液型など	
職業・地位など	
生い立ちや生き方	
現在の活動について	
印象的な言葉	
この人物を選んだ理由	
この人物の魅力	

（2）実践グループディスカッション

　グループディスカッションとは，5名から10名のグループ毎に，テーマに沿って30分から60分くらいの制限時間内に討論し，結論や経過を発表するという面接試験である。

　就職試験の選考でグループディスカッションが取り入れられる場合，進行は受験生に任されるケースが多く，評価の結果はさまざまで，議論の内容により全員合格の場合もあれば，全員不合格の場合もある。グループディスカッションにおいては，結果を多数決にしてはならないというのが常識とされている。

① 概略
- 5～10名がV字，またはコの字型に座る
- テーマについて議論し，結論を発表する
- 評価者は1～2名。後方か周囲で議論のプロセスをチェックしている
- 評価者はアドバイスや質問をしない

② 成功の7ポイント
- 積極的に発言し，前向きな意見を出すこと
- 他の受験生の意見を表情をつけて，よく聞くこと
- 議論の内容をまとめる方向で，意見を出すこと
- 発言の少ない人にも意見を求めること
- 終了5分前程度に，まとめに入ること
- 自信があれば，司会役を申し出るのもアピールのひとつ

③ 対策
◆発言内容
- 積極的に発言する。ただし他人の発言を妨害したり，特定の個人攻撃をしない
- 反対意見はぜひ発言する。みんなが同じ意見では議論にならない
- 自分の経験を本や新聞のエピソードと関連づけて言うと，印象に残りやすく，説得力が増す
- 他の受験生とは違った切り口で意見が言えると印象が良い

◆参加態度
- 他人を助けるという発想は，高い評価が得られる
- あまり発言できない人がいれば，協調性やリーダーシップを示す
- 終了5分前には議論をまとめることに全員で協力する
- 議論がテーマから外れてしまうときには，進行役でなくとも指摘し，本筋に戻す

◆役割分担
- グループディスカッションでは，いろいろな役割がある。積極的に自分の役割を見つけて実行する
- 簡単な自己紹介を終えた後，まずグループで役割を分担する
- 司会者（進行役），タイムキーパー，記録者，発表者，参加者に分ける

Let's Try

～ さまざまなグループディスカッションを体験しよう ～

各テーマを5～7名のグループで30分間討論し，その後，全体で発表しよう。

① 自由討論方式：テーマに沿って自由に討論し，結論を導き出すもの
「東京ディズニーランドを他の場所につくるならどこにする？その理由は？」
- 司会進行役，書記，タイムキーパーなどの役割を決めよう！
- 正解のないテーマが多いので，話し合いの方向性を決めて取り組もう！

② インバスケット方式：あるテーマで選択肢が与えられ，その理由を問うもの
「無人島に1つだけ持っていくなら，以下の5つのうち何を選ぶ？」
1．ナイフ　2．ライター　3．漫画　4．家族の写真　5．ロープ
- 結論は，価値観をしっかり持って，議論をして決めよう！

③ ケーススタディ方式：課題が与えられ，そのための対策や方法を話し合うもの
「50万円のバックを売るなら，どんな方法がある？」
- 学生だからこその発想力が必要。
- 他人の意見を踏まえて発言しよう！

Let's Try

～ グループディスカッションシート ～

グループメンバーと役割
司会（　　　　）　記録係（　　　　　　）　発表者（　　　　　　） タイムキーパー（　　　　　　）　参加者（　　　　　）（　　　　　）（　　　　　）
テーマ
内容
まとめ
チェックシート

□人の意見を聴くことができた	□自分の意見を言うことができた
□最後までグループに協力できた	□敬語を使って話をすることができた
□納得のいく結論にまとまった	□楽しく話し合いができた
自分の役割	発見した能力・性格

> **コラム**
>
> ～ エントリーシートの傾向 ～
>
> 　企業はこれまで，自分を成長させた体験や仕事に対する考え方，将来の展望など，定番の質問で応募者の姿勢や能力を測ろうとしてきた。
> 　しかし，最近は白紙の広いスペースに自分らしい全身写真を貼り，イラストや図表を入れて，自由な紙面づくりをさせる形が増えてきた。
> 　人材が多様化する中で，画一的なルールや設問方法では応募者を見極めることが難しくなり，より応募者の内面や人柄を探りたいとする採用側の意図が，その設問方法に反映されたものと思われる。

（3）就職試験の「三大質問」

　面接での代表的な質問は，3つである。

　1つ目は，「**自己PR**」である。自己PRとは，自分の長所や特徴をまとめたものだが，その言葉を裏付ける具体的な経験やエピソードが必要になる。具体的なエピソードのない自己PRでは，イメージを伝えることができず，説得力がないからである。

　2つ目は，「**学生時代に力を注いだこと**」である。テーマはどんなことでもよいが，自己PRと同じように，具体的にどのような努力をし，どのような成果を得たか。さらには，自分自身の成長にどのようにつながったのかというところまで言及する必要がある。しかし，継続して取り組んだことや画期的な成果を挙げたことなど，力を注いだことのエピソードが乏しく，アルバイトでの体験を使うケースが多くなっている。もし，大きなことをやり遂げた経験がなければ，少し視点を変えて，自分のこだわりや生き方・親子関係・兄弟など，その人にしか話すことができないことをエピソードとして話すと，とても新鮮で他の人との差別化が図れる。

　3つ目は，「**志望動機**」である。ホームページや就職ナビの閲覧，会社説明会の参加などで，具体的にその企業のどのようなことに興味・関心を持ち，どのような理念や方針に共感したのかを明らかにする。特に，銀行などの金融関係では，どの銀行にも共通して使える内容にならないように注意が必要である。そのうえで，自分自身の特徴や能力をどのようにその企業の仕事に活かすのか，ということを伝える必要がある。

大学生に較べて短大生は就職活動までの期間が短く，入学してから就職活動の開始までに1年を切る。特に，筆記試験対策は，国語力や小学校高学年レベルの算数が問われるので，正課外の筆記対策講座の受講や，対策本での学習に早くから取り組み，慣れておく必要がある。また，面接試験に関しては，履歴書やエントリーシートをしっかり書き上げることが重要である。そして，与えられた時間内に説得力をもって面接官に伝えることができるように，書き上げた文章を口頭で表現できるようにしておくことも必要である。特に「三大質問」の「自己ＰＲ」・「学生時代に力を注いだこと」・「志望動機」は，つまることなく自分のことばで話せるように準備をしておこう。

　面接試験はだれでも緊張するものである。模擬面接での練習や，本番面接の場数を踏むことも大きな力になる。面接対策は，とにかく慣れることが大切である。

Let's Try

〜 面接試験を想定して，答えてみよう 〜

① 「あなたの特徴を1分程度で説明してください」（300〜330字）

② 「あなたが学生生活に力を注いだことについて教えてください。そして，どんな成果や成長がありましたか？」（箇条書き的に）

③ 「志望動機を具体的に言ってください」（具体的に，表情豊かに）

2．受験のスケジュール

　大学生であれば3年生，短期大学生であれば1年生の夏期休暇終了時までに，就職活動に活かせるエピソードの体験を積んでおこう。特に，夏休みなどの長期休暇には，興味のある業界や職種のインターンシップに参加してみよう。体験することで業界や職種の理解が深まり，仕事のイメージが作りやすく，就職活動の第一歩が踏み出しやすくなる。また，実際のビジネス現場での就業は，仕事を進めるうえでのスキルやノウハウを習得することができ，就業力の養成につながる。

　もちろん，「SPI」や「玉手箱」などの筆記試験対策も，この時期から本格的に始めると大きな力が付く。また，履歴書やエントリーシートに書くためのエピソードも，この時期までに選定しておくと，ゆとりをもって書き直す時間がある。

　夏期休暇が終了した秋学期には，履歴書やエントリーシートの書き方をマスターするとともに，応募書類の送付方法や電話応対などの社会人マナーについても確認しておこう。そして，面接練習を繰り返し実施し，しっかりと面接官に自分の考えを伝えることができるようにする。そのうえで，グループディスカッションやグループワークについても，一度は経験しておこう。見知らぬ人と意見を述べ合うことは，想像以上に勇気と集中力が必要である。「経験は力なり」である。

　この時期には，自分自身がどのような業界や仕事に興味・関心があるのかを確かめなければならない。インターンシップに続いて，学内外のセミナーや業界を研究するイベントが本格化するので，少しでも関心のあるセミナーや説明会には参加して，業界や職種についての理解を深めよう。

　最終学年の春休みに入り，3月1日からは，大手企業の採用広報が開始される。就職ナビでは一斉にエントリーの受付がはじまり，学内外では合同企業説明会の開催がスタートする。これらの採用広報に対して，エントリーや応募書類の送付など，応募の意志を企業に伝えないと就職活動が始まらないのはいうまでもない。そして，エントリーをすると企業から会社説明会の案内メールが届き，実際に参加するかどうかの判断が必要となってくる。参加後には企業から具体的な選考スケジュールが伝えられ，正式な応募書類の準備や面接練習を行うといった手順で，就職活動が進んでいく。このように就職活動が順調に進んでいくと，応募する複数の企業のスケジュール調整はもちろん，最終学年の春学期の授業のスタートとともに，就職活動と授業のバランスを図ることが課題となってくる。就職活動には，このように徹底したスケジュール管理と行動力が求められるのである。

Let's Try

〜 自分用のスケジュールを立ててみよう 〜

すること	項目	内容・予算	年月日
学力期（例）	SPI対策	SPI 2・3 5000円	1年次春 3ヶ月
	一般常識	国語・数学 学内無料	1年次 春・夏・秋
	資格・検定	簿記3級（授業） 販売士3級 5000円	1年次春・秋 2年次春
	作文・読書	論文講座 6000円	3年次春
準備期	企業研究		
	企業訪問		
	インターンシップ		
	自己分析		
相談期	履歴書		
	エントリーシート		
	自己PR		
	業種・職種		
行動期	面接練習		
	セミナー		
	学内説明会		
	入社試験		

3．就職支援システム

　迷ったとき・不安なとき・わからないときには，一人で考え込まず，まず身近な人に話してみることである。たとえば，家族をはじめ，クラブ・サークルなど学校の友人，アルバイト先の先輩，学内での支援者などに具体的に相談をしてみると，小さなヒントが見つかることが多い。ゼミナールやクラスの担任をはじめ，キャリアセンターなどの就職指導関係の職員の方々など，それぞれの経験や知識・情報量は，私たちが考える以上に大きく，タイミングに合った，適切な答えを出してくれるものである。勇気を出してひと声掛けてみよう。きっと目をみはる展開となるはずである。

　そのほかに，学外でのITツールや情報セミナーを活用するのも一手である。下の表は，その一覧である。

表Ⅱ－3　情報支援ツール

ハローワーク 新卒支援	・その地方の中心となる大きなハローワークには，新卒支援部署が特設されている ・地元のハローワークには，新卒ジョブサポーターが常駐して学生の対応を図っている
就職ナビの会社が開催する各種セミナー	・就活解禁前の業界研究セミナーはもちろん，就活開始後の合同企業セミナーには就職相談コーナーがあり，親身に相談に乗ってくれる
就職ナビ	・就職ナビには豊富なコンテンツが掲載されている ・職業適性や性格診断などもWeb上で受験することができ，様々なハウツーについても充実している ・リクナビ，マイナビ，あさがくナビなど多数
都道府県市町村の商工会議所や中小企業団体の主宰するセミナー	・各自治体内企業が集まった合同企業セミナーの開催が中心 ・就職相談コーナーにはキャリアカウンセラーが常駐して，色々な悩みや条件に答えてくれる ・地方出身者には，長期休暇中などに地元就職支援のためのセミナーを開催 ・インターンシップの窓口も開設

第2章 就職活動のマナー

　就職活動では，自己のキャリアデザインの実現に向けてさまざまな業種・職種の中から希望する組織に応募し，採用に向けて複数のアプローチを行う。説明会やセミナーへの参加・書類選考・筆記試験・適性試験や面接試験など，いくつかの段階を踏むが，いずれの場合も社会人として必要な良識やマナーを備えているか，組織の一員として集団のルールに従って行動できるのかが問われる。これらのマナーやコミュニケーション能力は，本人に実際に会ってみなければわからないことも多い。

　ここでは，就職活動で採用に至る大きな判断要素となるマナーやコミュニケーションを中心に，面接試験に必要な心構えや実技について学んでいく。

1．敬語と話し方

　就職活動では，応募者の人柄や能力を判断するためにさまざまな対話が行われる。それは，年齢や職業，立場，考え方などが異なる人々と接するビジネスの場において，会話はコミュニケーションの基本であり，敬語の使い方や話し方はその人の人格を表すといわれるからである。面接試験では緊張を伴うため，思いどおりに言葉が出てこない場合がある。

　また，想定外の質問をされたときなど，とっさに日頃の言葉遣いが出てしまうことがある。常日頃からできるだけ丁寧な会話を心がけておこう。正しい敬語を使い，感じのよい話し方をすることで，話の内容に説得力が生まれ，信頼感も高くなり，企業側に好印象を与えることができる。

（1）敬語の基本

　敬語の基本となる尊敬語・謙譲語の使い分けはもちろん，相手の呼び方や敬称の用い方に留意することが大切である。就職活動時には，相手との関係をよく考え，会話の中ではビジネスの場と同じような言葉遣いをすることが望ましい。

表Ⅱ-4　敬語の基本

動詞	尊敬語	謙譲語
行く	行かれる　お行きになる　いらっしゃる	伺う　参る
来る	来られる　お越しになる　お見えになる	
いる	いらっしゃる	おる
する	なさる　される	いたす　させていただく
言う	言われる　お言いになる　おっしゃる	申す　申し上げる
見る	見られる　ご覧になる	拝見する
会う	会われる　お会いになる	お目にかかる　お会いする

表Ⅱ-5　人と組織の呼び方

立場	基本表現	避けたい表現
相手	～さま	あなた，そっち，おたく
自分	わたくし	あたし，自分，俺，僕，うち
相手の組織 相手側	そちらさま，こちらさま，御社 貴社，貴行，貴院，貴店，御校	＊相手が会社ではない場合の呼び方に注意する
自分の組織 自分側	わたくしども 当社，小社，本校，当院，当店	あたしら，自分ら，うちら 俺たち
自分の家族	父，母，祖母，祖父，姉，兄	お父さん，お母さん おじいちゃん，おばあちゃん お兄ちゃん，お姉ちゃん

【改まった表現】

きのう	→	昨日（さくじつ）	いま	→	ただいま
今日	→	本日	もらう	→	いただく
あした	→	明日（あす，みょうにち）	こっち	→	こちら
あさって	→	明後日（みょうごにち）	すごく	→	非常に
この間	→	先日	あとで	→	のちほど

(2) さけたい表現

　適切な敬語を使うことは当然であるが，流行語や省略語をはじめ，相手に違和感や不快感を与える表現は使わないように注意しよう。

表Ⅱ-6　さけたい表現

さけたい表現	さけたい表現の例
誤用敬語	「おっしゃられた」「お越しになられる」「ご覧になられる」
バイト言葉	「〜のほう」「〜していただく形」「〜になります」 「よろしかったでしょうか」
さ入れ言葉	「読まさせていただきます」「送らさせていただきます」
ら抜き言葉	「来れない」「食べれない」「見れない」「考えれない」「着れない」
省略語	「コンビニ」「バイト」「部活」「中高」「短大」
誤用表現	「全然大丈夫」「申される」「おられる」
学生言葉	「マジ?」「〜だし」「〜みたいな」「〜じゃないですか」「何げに」 「っていうか」「〜とか」「やつ」「〜っす」「ヤバイ」「イラつく」

(3) 良い挨拶

　自分から積極的に挨拶を行うことで，良好な人間関係をスタートし，維持し，さらに深めていくことができる。訪問先では採用に直接関わる人だけでなく，受付の方，守衛の方，配送業者の方，清掃の方やエレベーターに同乗した人などにも，その場に応じた言葉やお辞儀などで挨拶することを心掛けたい。

【挨拶のポイント】
- 自分から積極的に行う
- 場に応じた声のトーンで，明るく元気に行う
- 語尾まではっきりと発音する
- アイコンタクトと笑顔を添える
- 声を掛けにくい場合でも，笑顔でお辞儀を行う

Let's Try

～ 声を出して言ってみよう ～

① 挨拶の基本言葉

「おはようございます」＊朝11時頃まで

「よろしくお願いいたします」「お世話になります」

「失礼いたします」「かしこまりました / 承知しました」

「お疲れ様です」「申し訳ございません」

② 受付での基本挨拶

「失礼いたします。わたくし，○○大学（短期大学，専門学校）の（フルネーム）と申します。」

「本日○時に面接のお約束をいただいております」

「本日○時からの会社説明会に伺いました」

「本日○時に人事部長の田中様にお約束をいただいております」

「先ほどはありがとうございました。終了しましたので失礼いたします」

➡ 訪問先で廊下などを歩いているときにその会社の方と行き違う場合，通路を譲り，一旦立ち止まって挨拶をするとよい。

（4）話し方と聞き方

面接は，自己プレゼンテーションの場である。説得力のある話し方と，相手の話を一生懸命聞こうとする態度が好印象につながる。常にやわらかな笑顔で，表情やあいづちに注意しながら，誠意を持って対応する。

① 話し方

明るい表情で相手の目を見て，口をしっかりと開け，大きな声で話す。

また，履歴書に書いた自己ＰＲや，あらかじめ考えておいた文章を丸暗記して棒読みするのではなく，話し言葉で心を込めて楽しく会話しよう。話の内容と表情・話し方が一致してこそ，説得力がある。

また，質問に対する答えが見つからない場合でも無言になるのはよくない。必ず何か答えるようにし，途中で止まってもすぐに切り返し，最後まで言い切るように心掛ける。

知識上どうしても答えられない場合でも，「わかりません」「知りません」では，会話のキャッチボールが成り立たない。関連することを話すか，「勉強不足で申し訳ありません，本日帰宅しましたら調べてみたいと思います」などと，前向きに答えるようにしよう。

ただし，質問と全く異なる話をしたり，「簡潔に」「1分間で」と指示されたのに，延々と話し続けるのは望ましくない。

また，複数の内容を話す場合には，「私の考えを2点述べます。まず1点目は～，2点目は～，」と整理して伝え，話し終えたら「以上です」と言う。

② 聞き方

面接試験では，「話す」ことに意識を置きがちであるが，聞く態度も重要である。面接官の話を落ち着いた素直な態度で聞き，質問に合った適切な回答をするように心掛けよう。ディベートやディスカッションなどでも，周囲の意見をきちんと聞いたうえで，自分の考えを述べることが必要である。

集団面接の場合は，他の受験者が話しているときもしっかりと聞いておく。「隣の方の考えについて，あなたはどう思いますか」などと質問を振られることもある。

面接に限らず，説明会やセミナーでも，熱心な表情や態度で話を聞く学生は良い印象として残る。就職活動は「聴く」という意識で臨もう。

2．動作と態度

ここでは就職活動の中で自分らしさを伝え，意欲を伝えるために必要な，基本動作や望ましい態度について確認しよう。

（1）第一印象の重要性

就職活動では，ゆっくり時間をかけてその人の良いところを探してくれるような企業はない。短い時間の中で，最大限に自分らしさを伝えるためには，第一印象が非常に重要である。「仕事を任せられそうだ」「信頼できる人だ」「お客様や取引先に安心して紹介できる人だ」という，好印象を持ってもらえるための工夫や努力が必要である。

① 身だしなみ

人間の印象形成には，視覚的な要素，つまり「見た目」が重要な意味を持つ。「見た目」を構成する要素としての身だしなみには，十分な配慮が必要である。身だしなみは，就職活動への意気込みや企業への誠意を表すものである。さわやかで清潔感があり，機能的で職場や業種に応じた服装や髪型を心掛けよう。

近年，「普段の様子を見たいので，リクルートスーツ以外で」と指定する企業もある。業界の特性を考慮しながらも，あまりカジュアルになり過ぎないように心掛け，念のためにジャケットを持参しておくとよい。

【男性】
- ダークな色のスーツが基本である
- カッターシャツは白が望ましい
- 靴下はスラックスに合った色にする
- 靴は黒革が望ましい。先端が尖ったものなど，デザイン性の高いものは避ける
- 髪型は清潔さが感じられるよう，前髪や襟足が長すぎないようにする。ファッション性は無用である
- ヒゲを剃る
- ネクタイは派手すぎない色柄にする
- ポケットに物を入れすぎて，ふくらまないように気をつける
- カバンはＡ４サイズで，黒が望ましい

【女性】
- スーツが基本である。パンツスーツは活動的で，スカートはフォーマル感がある
- スーツは黒・紺・ベージュなどの無地がよい
- シャツやブラウスなどのインナーは，白または淡色が望ましい
- 襟は開襟でもよいが，第１ボタンまで留まるものが学生らしい
- 髪はお辞儀をしたときに落ちないよう，きちんとまとめる
- 髪色は地毛をベースに，黒色が基本である。組織の雰囲気や職種によって少し明るい色も可能であるが，落ち着いた印象を心掛ける
- 化粧は自然な感じで，アイライン・付けまつ毛など，濃い印象にならないようにする
- 爪は短めに手入れをしておき，マニキュアはナチュラルな色合いにする
- ナチュラルな色のストッキングを着用する
- 靴は黒のプレーンなパンプスで，ヒールは３～５ｃｍ程度がよく，かかとが細すぎ

ものや太すぎるものは避ける。また、つま先やかかとの汚れや傷にも注意する
・香水・化粧品など、きつい匂いのものは避け、アクセサリーはつけない

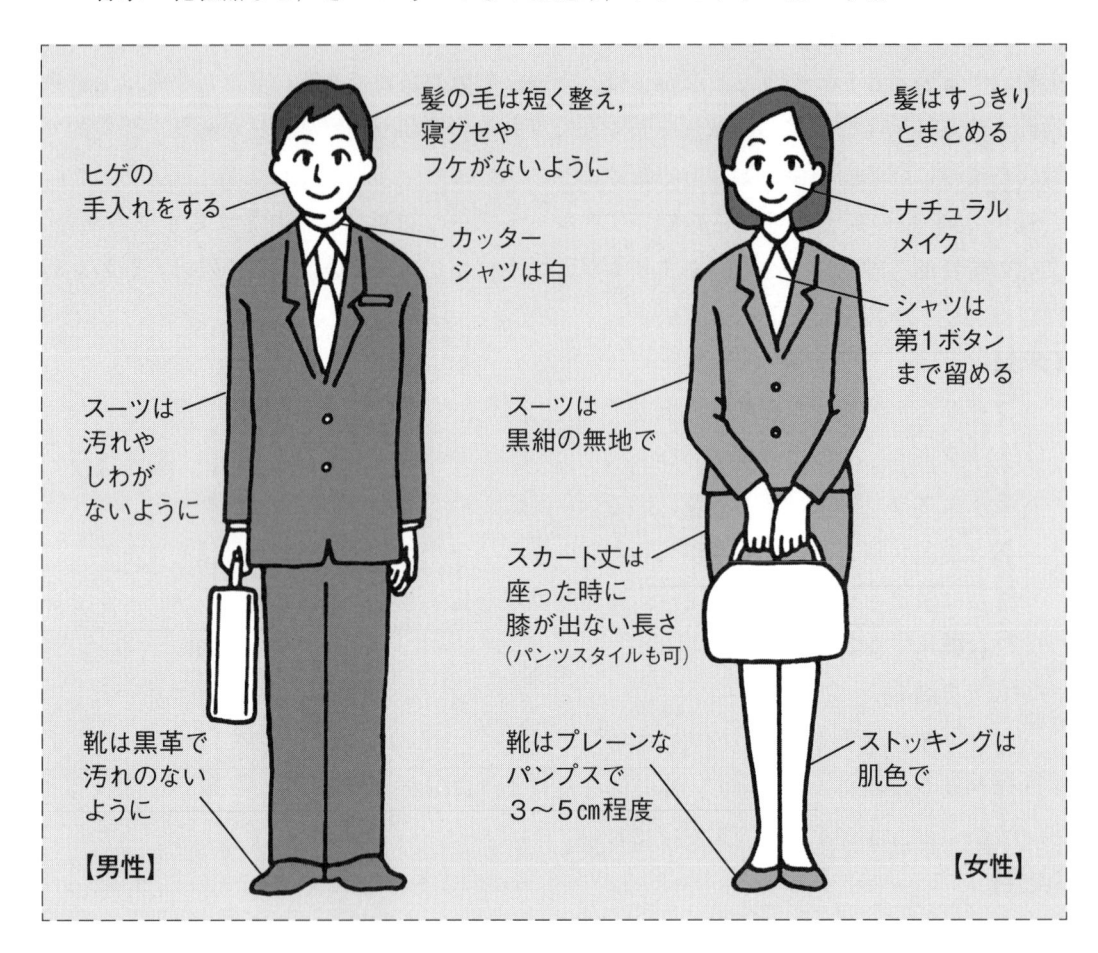

【男性】
- ヒゲの手入れをする
- 髪の毛は短く整え、寝グセやフケがないように
- カッターシャツは白
- スーツは汚れやしわがないように
- 靴は黒革で汚れのないように

【女性】
- 髪はすっきりとまとめる
- ナチュラルメイク
- シャツは第1ボタンまで留める
- スーツは黒紺の無地で
- スカート丈は座った時に膝が出ない長さ（パンツスタイルも可）
- 靴はプレーンなパンプスで3〜5cm程度
- ストッキングは肌色で

なお、男女ともコートは黒・紺・ベージュ・グレーなどでコンパクトにたためるものがよく、傘は派手なデザインを避ける。

② チェックリスト

事前準備を心がけ、忘れ物がないよう、当日は時間に余裕をもって出かける。

（2）お辞儀と動作

立ち居振舞いも、第一印象を構成する重要な要素である。姿勢やちょっとした行動に、その人の配慮や人柄が出る。その場に応じた動作と美しいお辞儀で好印象を獲得しよう。

Let's Try

〜 準備は万全ですか 〜

【持ち物】

- ☐ 提出書類（記入漏れがないかチェックし，クリアファイル等に挟む）
- ☐ 文房具（シンプルなデザインのもの。キャラクターや派手なものはビジネスには向かない）
- ☐ 手帳・スケジュール帳
- ☐ 事前に提出している履歴書やエントリーシートなどの控
- ☐ 身だしなみ道具（ハンカチ，ティッシュペーパー，折りたたみ傘，安全ピン，裁縫道具，女性はストッキングの予備など）
- ☐ 学生証，印鑑

【身だしなみ】

- ☐ 髪は清潔にまとめていますか
- ☐ 髪の色は自然ですか
- ☐ 手や爪は清潔ですか
- ☐ 化粧は清潔感があり自然ですか
- ☐ 靴は汚れていませんか
- ☐ 靴はすり減っていませんか
- ☐ ストッキングは破れていませんか
- ☐ 靴下の色はスーツに合っていますか
- ☐ ネクタイは曲がっていませんか
- ☐ シャツはアイロンがかかっていますか
- ☐ シャツのボタンはきちんと留めていますか
- ☐ シャツの襟や袖が汚れていませんか
- ☐ スーツの袖丈や裾丈は適当ですか
- ☐ スーツにほつれや汚れはありませんか
- ☐ カバンは適切なデザインですか

① 基本動作
【立ち方】
- かかとを付け，つま先は少し開く
- 手は指先を揃えて，スラックスの脇線に付け，女性は前で重ねる
- あごを少し引き，視線をまっすぐにし，笑顔で背筋を真っ直ぐに伸ばす

【座り方】
- 原則として入り口から近い，下座側から椅子にかける
- 深く腰掛けず，背もたれとの間に握りこぶし一つくらいの空間をあける
- 男性はひざを少し開き，手は太ももの上で軽く握る
- 女性はひざをつけ，かかとまで両足をまっすぐ揃える。手はひざの上で重ねる

【歩き方】
- 大きな足音を立てない。スリッパに履き替える場合は，引きずらない
- 視線は前方に向け，体が左右上下に揺れないように歩く
- 手は軽くのばして，自然な歩調で歩く。だらだらと歩かない

② お辞儀の基本
　お辞儀は相手に対する敬意や心の表れである。やわらかな視線を相手に送り，手は体の横につけるか，体の前で重ねる。背筋を伸ばし，腰から倒すようにお辞儀し，一呼吸おい

てゆっくりと上体を起こす。頭だけ下げたり，背中が曲がらないよう注意しよう。就職活動では，言葉を言ってからお辞儀をする（語先後礼）。

表Ⅱ-7　お辞儀の種類と使い分け

種類	角度	言葉	使い分け
会釈	15度	失礼いたします	面接室，応接室への入退室時 廊下やエレベーター内など
普通礼 （敬礼）	30度	よろしくお願いいたします	受付や面接の開始時
最敬礼	45度	ありがとうございました 申し訳ございません	面接終了時 お詫びするときなど

（3）面接に向けて

　書類選考通過後，筆記試験とは別に，面接試験を実施するのが一般的である。就職活動では，筆記試験がなくても面接試験を全く行わないところはない。1回の面接で決めるところもあれば，3次・4次など数回行うところもあり，時間もさまざまである。
　面接には集団面接と個人面接があるが，いずれの場合でも，気をつけるべきことは共通である。詳細は，第1章に記載しているので，再度確認しておこう。

一般的な面接の流れと，挨拶や動作のポイントは次のとおりである。

◯ 面接室の流れと動作

〈入室〉 ノック2～3回で，「失礼いたします」

- お辞儀（15度）
- ドアを丁寧に閉めて姿勢を整え「失礼いたします」と明るい声で挨拶
- ドアを閉める際，面接官にできるだけ後頭部や背中を向けず，かつ，後ろ手にならないように注意する

↓

〈挨拶〉 イスの下手側横か前に立ち，姿勢を整える

- 「◯◯大学（短期大学，専門学校）の××△△（フルネーム）と申します。よろしくお願いいたします。」と言い，お辞儀（30度）

↓

〈着席〉 「座って」と言われたら「失礼いたします」と着席する

- 質疑応答時はまっすぐ顔を上げ，面接官の話をしっかり聞く
- 適宜あいづちやうなずきをし，他の受験者が話している時も耳を傾ける
- 常にやわらかな笑顔を忘れない

↓

〈終了〉 「面接終了」と言われたら，「ありがとうございました」と礼を言い，立ち上がる

- 「本日はお忙しいところありがとうございました。よろしくお願いいたします。」と礼を述べ，お辞儀（45度）

↓

〈退室〉 入り口まで進み，ドアの前で姿勢を整えて「失礼いたします」と退室

- 笑顔でお辞儀（15度）
- ドアを閉める際，面接官に後頭部や背中を向けないよう，体の向きに注意しながら両手で丁寧に閉める。その際，もう一度笑顔で軽く会釈する
- ドアの開閉を担当者が行うときは，「おそれ入ります」と礼を言う

Let's Try

~ どう答えたらいいの？ ~

① 自己紹介
「1分間で自己紹介をしてください」

② 筆記試験
「筆記試験はいかがでしたか？」

③ ニュース
「最近関心を持ったニュースはありますか」

④ 質問
「何かご質問はありますか」

3. 行動の仕方

就職活動における一連の流れの中では，どのような心構えを持ち，どのように行動していけばよいのだろうか。ビルや会場に入る前から退出するまで，マナーを守り，しっかりと力強く，感じの良い行動をしよう。

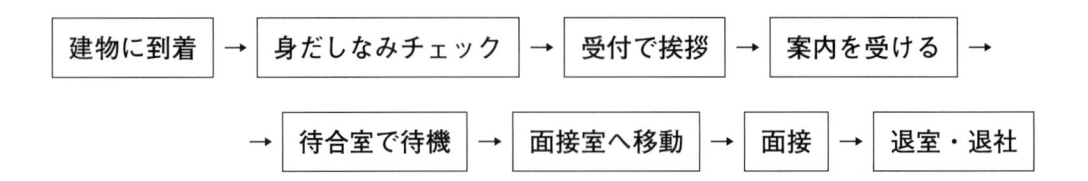

建物に到着 → 身だしなみチェック → 受付で挨拶 → 案内を受ける →
→ 待合室で待機 → 面接室へ移動 → 面接 → 退室・退社

（1）受付での行動

余裕を持って到着し，身だしなみを整え，指定された時間より15分位前に受付を済ます。万一遅刻しそうな場合は，必ず連絡をする。多少の交通事情の遅れには対応できるように，ゆとりを持ったスケジュールを立てておく。人数が多い集団面接の場合は20〜30分前でもよいが，個人面接や個人企業などではあまり早過ぎても迷惑になる。また，近年は無人受付も多く，内線電話で担当者を直接呼び出すこともあり，電話での話し方も大切である。

また，受付でも採用に関するチェックをしていることがある。きちんと挨拶を行い，面接官だけでなく，そこで働いている全ての人々に「一緒に働きたい」と思ってもらえるような行動を心掛けよう。

（2）訪問時や待合室での行動

面接室以外での行動に，その人の「正体」が現れると言っても過言ではない。訪問先ではもちろん，駅など公共の場でのマナーを守ることが，社会人としての基本である。訪問先の最寄り駅から面接が始まっていると考え，行動に十分留意したい。

面接試験では長い待ち時間があることも想定されるが，控え室での態度をチェックされている可能性もある。気を抜かず，姿勢を正して待機するようにしよう。

また，会社説明会やセミナーであっても「今日は説明を聞きに行くだけ」という軽い気持ちではなく，突然面接が行われても対応できる心構えで参加するべきである。

【訪問のマナー】
- コートやマフラーなど，防寒具類は建物の外で取ってから入る
- 暑くてもジャケットは脱がない
- 訪問先の建物内では，ショルダーバッグは肩から降ろして，手に持ち替える
- 化粧室など，施設を美しく使用する
- 化粧室でも，化粧直しは控えめに行う
- 喫煙をしない

【待合室や面接会場でのマナー】
- 勧められてから椅子にかける。応接室では案内がなければ下座に座る
- バッグや荷物を机の上に置かない。足元に置く
- 姿勢を正して座り，私語をしない
- 携帯電話や携帯端末などは使用しない
- 訪問先での用件に関係のない書物などを読まない
- 座った椅子は元に戻す
- 筆記試験や適性検査などで出た消しゴムのカスは放置せずに，くずかごに捨てる。捨てにくい場合はティッシュに包んで持ち帰るなど，配慮する
- ペットボトルなどを机上に出さない
- 休憩時間も面接のうちである

コラム

～ 物の受け渡しを実習してみよう ～

- まず自分の方に向けて持ち，内容を確認。
- 相手が見やすい（持ちやすい）方向に向け直して言葉を添え，両手で持ち，胸の高さで差し出す。
- 受け取るときは，両手で丁寧に受け取る。

➡ 履歴書などの書類の授受を練習してみよう
「履歴書です。よろしくお願いいたします」
「頂戴いたします」「ありがとうございます」

【名刺の取り扱い】
・「頂戴いたします」と言い，文字に指がかからないよう注意して両手で受け取る
・名刺は胸の高さで受け取り，腰の位置より下げない。また，すぐにしまわない
・面談に入る場合は，テーブルの上に置いてもよい
・いただいた名刺を忘れたり，落とさないように注意する

（3）専門職面接対策

現代社会は少子高齢社会となり，乳幼児や高齢者・療養者など，社会的弱者を取り巻く環境は大きく変化し，家庭と地域を結ぶさまざまな専門職の人々がパートナーとなり，支援者となって，その専門知識と技術を活かしてキャリアを形成している。

どのような業界・職種でも面接試験で気をつけるべきマナーは共通であるが，専門職ではその業務内容の特性によって，留意したい点がある。

① 幼稚園・保育園の面接

国家資格による専門職であり，「子どもが好きだから」「かわいいから」だけでは通用せず，強い責任感が求められる。面接試験では，職場内での協調性はもちろん，子どもやその保護者と良好なコミュニケーションを築く能力を備えているかが問われる。

保育職での面接は，一般企業の就職試験と異なり，専門知識に関する口頭試問や実技をはじめ，仕事内容に踏み込んだ質問も多い。保育関連の行政の動きなど，時事ニュースを新聞等でチェックしながら自分なりの考えをまとめておくとよい。

実習も多く，学生生活を通じてきちんと専門科目を修得していることが基本であり，日常生活で秩序正しい生活習慣を身につけていることも，保育者に必要な資質である。

特に，子どもの安全で健康な生活管理に携わるため，服装・髪型・髪色・爪など，身だしなみのすべてにおいて，清潔な印象が不可欠である。勤務中はジャージなどで過ごすことが多い職場ではあるが，面接試験ではスーツを着用すること。実技試験があるため，着替えや上履き・楽譜など，荷物が多くなりが

ちだが，できるだけコンパクトにまとめて，それぞれ必要なものがすぐに取り出せるように整理しておこう。

　幼稚園・保育園の試験は，実際の教室で行われることも多い。自分が世話をする子どもが使う場所であることを念頭に，お借りした物があれば整理し，ゴミを置き忘れたり汚さないよう，行き届いた配慮を心がけよう。

② 栄養士・管理栄養士の面接

　栄養士は専門職として，病院・事業所・福祉施設・学校健康教育・行政・食品メーカー・研究所など，さまざまな就職先が考えられる。職場の多様性とともに，多様なニーズが求められるため，臨機応変に対応する力や，チームワークでの自分の役割を理解し仕事をこなしていく意識と，コミュニケーション能力が必要である。専門的知識に基づいてアドバイスを行うため，適切な言葉遣いや体調に関する配慮ができることも重要な要素である。

　養成課程においても実験や実習が多く，白衣を着用する機会が多い。清潔であることが大切で，髪をまとめることや感染防止など，自身の健康管理にも非常に高い意識が求められる。「料理が好き」「食べることが好き」「美味しい食事を提供したい」など，表面的な理由だけでは務まらない仕事であるという意識を持って就職活動に臨もう。

　また，社会的にも健康志向から「食」への関心が高まっているため，時事ニュースなどをチェックし，自分なりの考えをまとめておくことも大切である。

コラム

～ちょっと，一言～

　専門職課程で学びながら，一般企業に就職活動をする場合には，その理由を説明できるように準備をしておこう。

　ただし，「考えていたよりも大変だった」「実習に行って，向いていないと思った」などの理由では，「一般企業は楽だ」という誤解を与えるおそれがある。「企業で働くことに，より興味を魅かれた」などの前向きな理由や，「保育士課程で学んだ知識を活かし，お子様連れのお客様対応に役立てたい」「栄養士課程で学んだ専門知識を活かし，自分や家族などの健康管理を心掛けながら働きたい」など，専門課程で学んだ特性を活用して，一般企業で役に立つ人材でありたいという点をアピールしよう。

Let's Try

〜 保育士・幼稚園教諭を目指して 〜

面接練習をしてみよう

① どんな保育士（幼稚園教諭）になりたいですか

② この仕事の魅力・厳しさは何だと思いますか

③ モンスターペアレントにどう対応しますか

④ 絵本の読み聞かせで注意することは何ですか

➡ その他の代表的質問
「当園の保育方針や理念を知っていますか」
「保育園と幼稚園の違いは何ですか」
「食物アレルギーの子供がショック状態になったらどうしますか」

Let's Try

〜 栄養士・管理栄養士を目指して 〜

面接練習をしてみよう

① なぜ栄養士・管理栄養士を目指すのですか

② 栄養士・管理栄養士に必要なことはどんなことだと思いますか

③ 献立を作るにあたって気をつけるべきことは何ですか

④ 食育についてどう思いますか

➡ その他の代表的質問
「最近の食問題についてどう思いますか」
「実習先で何を学びましたか」
「特定保健指導について説明してください」

第3章 就職活動の実務

　最近のビジネス環境の変化とともに，就職活動の実務も変わり，企業へのアプローチの方法は，従来の電話やハガキによる資料請求から電子メールやインターネットが圧倒的に多くなった。それらの情報を上手に活用して，興味のある企業へ積極的にエントリーしていきたい。

　エントリーの目的は，採用情報や企業情報の収集と，企業への積極的な意思表示である。エントリーしてはじめて得られる情報もあり，エントリーを積極的に幅広く行っていこう。エントリーをしたからといって，全てを受験する必要はないが，その企業へ興味を持っているという意思表示をすることで就職活動はスタートする。ここではエントリーの仕方など，就職活動の実務について学ぶ。

1．就職活動とは

　文字通り学校を卒業して職業に就くための活動の事である。働いて収入を得ながら自分の人生を創り上げていく最初の活動である。

　新規卒業生に対する採用は，1年に1度定期的に行なわれるのが一般的である。企業は，入社した社員に対して一定期間の研修を行い，将来活躍できる人材として期待をかけている。私たちは期待に応えられるよう，自分には何ができるのか，何を求めているのか，働くことの意味は何かを理解するとともに，入社後のビジョンをはっきりと示さなければならない。そして自分のポジションを獲得できるようにすることである。

　これから始まる就職活動では，最後まで頑張り抜くモチベーションを維持することが大切になってくる。時にくじけそうになったり，途中であきらめかけたり，理想と現実の違いに愕然とすることもある。また次々と友人が決まっていくなか，焦りを感じることもあるが，他人と比較せず，自分の魅力を追求し，熱意をもって取り組んでいきたい。

　常に計画を立て，行動に移したら確認をして，対策を練りなおし，さらに計画を立てて実行に移すPDCAサイクルを心がけながら，内定というゴールに向かいたいものである。

2．就職活動の流れ

　日本経済団体連合会「採用選考に関する指針」（2014年9月16日改定）によると，『学生が本分である学業に専念する十分な時間を確保するため，採用選考活動の早期開始を自粛する。広報活動は，卒業・修了年度に入る直前の3月1日以降，選考活動は卒業・修了年度の8月1日以降』と公表した。またその「手引き」には『企業が行う採用選考活動は，一般に広報活動と選考活動に大別することができる。広報活動とは，採用を目的として，業界情報，企業情報などを学生に対して広く発信していく活動を指す。選考活動とは，一定の基準に達した学生を選抜することを目的とした活動を指す。』と示され，2015年の就職戦線は短期集中型となった。しかし，2015年12月に経団連は改定を発表し，選考開始を6月1日以降とする方針を決定した。

　優秀な人材を確保したい企業は，オープンセミナーと称して，選考とは切り離して事前説明会を行っている。そこでは，仕事への理解を深めてもらうためのPRをしたり，インターンシップに参加した学生に的を絞ったり，また内々に募集選考を行い，早々と学生に内々定を出している現実がある。興味のある企業がオープンセミナー等を実施している場合，まずは参加して，それに続く本格的な就職活動に備えたい。

　また，合同企業説明会や企業別の会社説明会などがスタートすれば，こちらにも積極的に参加していこう。説明会は企業についての詳細を直接聞く事ができるチャンスなので，

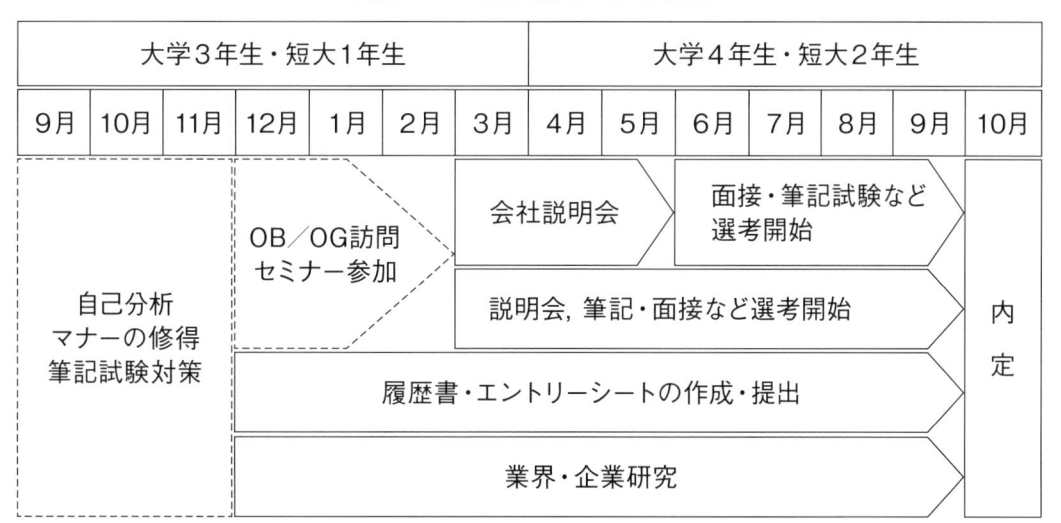

図Ⅱ−1　就職活動の主な日程

質問や討議に積極的に参加して自分が志望するに値する企業かどうかをしっかりと見極め，ミスマッチのないようにしたい。

　企業によっては，説明会の後，そのまま適性検査や筆記試験，あるいはグループディスカッションを行うケースもある。説明会だと思って気を抜かず，しっかりと準備をして参加することが大切である。

　また，今後も上記の「採用選考に関する指針」が変更となる可能性があるが，いずれにしても情報の収集と早期対策を怠らないことが大切である。

3．エントリーとは

　エントリーとは本来予約・申し入れという意味の言葉で，就活においては「会社の資料を送ってほしい」「会社説明会やセミナーに参加したいので予定を教えてほしい」など，企業に対して自分の意思表示をすることである。受験の応募ではないので，少しでも興味があればエントリーしておくべきである。エントリーをしていないと次のステップへ進む事ができないのが現実である。

　企業へ意思表示をすれば，エントリーした企業から次のステップへ進む案内がある。その指示に従ってアプローチを開始しよう。たとえば，説明会への参加や履歴書の提出，あるいはエントリーシートを提出するなどが求められる。それらの書類選考が通過すれば，さらに次のステップである筆記試験や面接，またはグループディスカッションへと進んでいく。ここまで来れば，後はもうそれまでの準備と実力を発揮するのみである。

（1）エントリーの方法

　エントリーの方法には大きく三つある。
◆就職情報サイト
　就職情報サイトのリクナビやマイナビなど，就職情報専門のポータルサイトからエントリーする。これらのサイトでは採用活動を行っている企業の情報を確認することができ，該当の企業を検索して，企業や求人の情報を確認し興味がわいたときには，画面上のエントリーボタンを押すとさまざまなスタイルや内容でエントリーが進められていく。目的の企業が見当たらない場合でも，企業検索機能を活用して上手にエントリーしていこう。これらのサイトでは，会員登録をしておくと新しい情報が届けられ，便利である。

◆企業のホームページ

　目的の企業が明確な場合は，直接その企業のホームページにアクセスし，採用情報を確認したうえで，エントリーしよう。

◆電話や文書

　採用情報がホームページに公開されていない場合や，情報紙などで採用欄を見つけた場合は，直接電話や文書で申し込む。電話の場合は，手元に質問事項等を箇条書きでメモしておくとよい。指定されている時間帯があれば，その時間を守ること。また，送られてきた資料の中にエントリーシートが同封されている場合は，できるだけ早く返送すること。

（2）エントリーシートの内容

　エントリーシートとは，各企業が独自に作成している応募書類のことである。第一次選考として活用する企業もあれば，単なる応募書類として扱う企業など，その取り扱いや重要度はさまざまである。

　内容は多くの場合，履歴書と自己紹介書を合わせたようなものだが，中にはアンケート項目に答えるようなフォームもあり，年々内容の難易度が上がっている。一般的な設問には以下のものが上げられる。

- 「自己 PR」
- 「志望動機」
- 「学生時代に力を注いだこと」
- 「入社後何をしたいか」
- 「企業独自の設問」
- 等身大の写真とアピール

　それぞれの設問から，「この課題・質問で何を求めているのか」という企業の意図を把握し，入力フォームに従って充分なアピールとなるよう，熱意を込めて全ての項目に漏れなく記入しよう。

（3）記入上の注意点

　エントリーシートは，相手を納得・説得させるプレゼンテーションツールの一つだと考えて，しっかり自分を売り込む必要がある。魅力あるプレゼンテーションは，分かりやすく具体的な内容がポイントになる。そして何より熱意が企業へ伝わるように書かなければ

ならない。「会ってみたい」「話してみたい」と採用担当者に思わせる内容を書こう。
- 読みやすい文字と，分かりやすい文章であること
- 文字の大きさは適度で，文字量は指定90％以上で，枠内に収まっていること
- 「です・ます」が一般的
- 箇条書きやラインを引くなど，表現方法を工夫すること
- 鉛筆は不可，黒のペン類で書くこと
- 締め切り日を必ず守ること
- 面接時のために，必ずコピーを取っておくこと
- 設問に対する答え（結論）が明確に書かれていること
- オリジナリティーを出すこと

これらの個性が伝わるエントリーシートにするためには，しっかりと自己分析をしておく必要がある。第Ⅰ部で学んだ自己分析やアピール文を，再度確認して活用しよう。

Let's Try

～ 興味のある企業をイメージして，あなた自身について書いてみよう ～

あなたの持ち味	
この業界・業種を選んだ理由	
挑戦したいこと	

Let's Try

〜 Entry Sheet を書いてみよう 〜

<表面>

フリガナ		生 年 月 日			性別
氏名		年	月	日(満　歳)	

フリガナ	
現住所	〒
連絡先	自宅　　　　　　　　　　　　携帯
E-mail	
帰省先住所	

年	月	学 歴 (学部・学科を必ずご記入ください)

※高等学校卒業からご記入ください。また院生の方は大学卒業からご記入ください。

資 格 ・ 免 許 (取得年月をご記入ください)

年	月	年	月
年	月	年	月

勤務地について
・転勤可　　　　　・転勤不可
特殊技能や特技 (受賞・部活・語学力・PC スキルなどでの功績)
他に志望されている企業があればお聞かせください

あなたらしさが
伝わる写真を
貼付してください。

<裏面>

項目	記入欄	Point
志望動機		・入社したい理由を的確に書く ・なぜその企業でなければならないのか ・入社したらなにができるか ・会社に貢献できることは何かなど
学生時代を含め,これまでの人生を通じて最も打ち込んできたこと		・体験から得たことを具体的に！ ・ボランティアやサークル活動,アルバイトや課外活動,地域での活動など,どのように取り組み,そこから何を得たかなど
大学での研究課題,または興味のある科目		・ゼミでの研究テーマや打ち込んだこと,そこから何を学んだか,またそれらを生かしてどのような仕事に挑戦したいかを具体的に書く
自己PR		・現在の自分を表現し,強みをアピールしよう。ありきたりな言葉を使うより説得力のある言葉を選び自分を印象づけよう。話題は一つに絞り話しの軸がぶれないよう注意すること

（4）志望動機

エントリーシートには，必ずと言ってよいほど志望動機を書く欄がある。

もし，あなたに好きな人がいたとすると，その人のことをよく知りたいと思うだろう。自分が好きになった人の事を知りたいように，入社したい会社について知りたいと思い，企業の事をよく調べる。そしてその企業を深く知ることによって，自分だけの志望動機が生み出せる。志望動機は自己PRと同じく，内定を取得できるか・できないかに大きく影響する。なぜその企業でなければならないのか，ということを熱意を込めて伝えることが大切である。

〈志望動機を考えるポイント〉

◆企業の特徴や事業内容をよく理解し，自分の持ち味や考えを結びつける
　・企業の魅力や良い点を述べる事ができ，自分の持ち味をアピールできているか。
　・自己PRと志望動機とを連動させているか。

◆今までの学びや経験を企業の専門領域と結びつける
　・自分ができることと企業が望んでいることが一致しているか。
　・自分自身とその企業（職業）との関わりを明確に書いているか。

◆しっかりとした職業観をもっているか
　・将来の目標やその企業で実現したいこと，あるいは何のためにどのように働きたいかなどを，自分の言葉でしっかり述べているか。

コラム

〜 志望動機は会社資料を参考にしよう 〜

- × 「好きだから」
- × 「興味があるから」
- ○ なぜその仕事をやりたいのか
- ○ 自分なら何が実現できるか

それぞれ，根拠を具体的に！

（5）学生時代に力を注いだこと

　エントリーシートにはもう一つ代表的な質問として，「あなたが学生時代に最も力を入れたことは何ですか」との項目がある。

　授業・ゼミナール・クラブ・サークル活動・アルバイト・ボランティア活動などの体験から取り上げるのが一般的だが，ほとんどの人が同じような内容を取り上げているので，個性的なものにするには工夫が必要である。

　そのためには，あれもこれもと欲張らず，打ち込んだことを一つに絞って，「何をしたか」「何を得たか」「どう成長したか」などを具体的に書こう。

　たとえば，「毎日2時間」「30名の部員」「本を50冊読んだ」などと，数字を使って具体性を出すとよい。一般論になると採用担当者の目や心に届かない。

学生時代に打ち込んだことはなんですか

1．結論／アピールポイント・打ち込んだこと
　↓
2．目的意識／なぜ，そのことに打ち込んだか
　↓
3．行動／どう行動したか，具体的なエピソード
　↓
4．結果／その経験から得たこと，成長したこと
　↓
5．最終結論／その経験をどのように生かしたいか
　↓
　　企業の評価

〜強みを表す言葉例〜
・向上心がある
・好奇心が強い
・問題解決力がある
・自己主張できる
・前向き
・素直
・面倒見がよい
・責任感が強い
・気配りができる
・計画性がある
・企画力がある
・主体性がある
・リーダーシップがある
・創造性が高い
・表現力が高い
・美的センスがある
・感受性が豊か
・理解力が高い
・コミュニケーション力が高い
・行動力がある

Let's Try

～ 構成を考えながら書いてみよう ～

	打ち込んだことのテーマ （テーマは1つに絞る）	
1	結論 （何に打ち込んだか）	
2	目的意識 （なぜそのことに打ち込んだか）	
3	行動，具体的なエピソード （その時どう考えて行動したか）	
	（具体的に努力したことは何か）	
	（具体的な工夫はあったか）	
	（周囲との関わりはどうか）	
4	結果 （行動から得られた結果）	
5	最終結論 （今後どのように生かしたいか）	

4．説明会と会社訪問

　説明会への参加は，企業のホームページや就職情報サイト，メールマガジンや学校の就職情報ページから申し込むことができる。また，エントリーをした場合は，エントリーの内容結果によって説明会の案内が届くこともある。

a．会社説明会
◆合同企業説明会
　複数の企業が一つの会場へ集まって行う説明会であり，一度に幅広い業種を知ることができる。今まで知らなかった企業に出会えるチャンスなので，関心がなくても積極的に参加する価値がある。

◆学内企業説明会
　合同企業説明会を学内で行うもの。慣れた場所で友達同士で聞く事ができ，その学校の学生を採用する意欲が高い企業が多数集まるので，メリットも多く，ぜひ参加したい。

b．会社訪問
　志望している企業へ自ら足を運び，採用担当者や先輩社員から説明を受ける事をいう。申し込みは担当者へ直接連絡をする。じっくり話を聞く事ができ，自分をアピールするチャンスともなるので，積極的に訪問したい。また，その企業にOBやOGがいる場合には，アポイントメントをとって直接会って話を聞こう。訪問後は感謝の気持ちを込めて，必ずお礼状を出すことも忘れない。

コラム

〜 確認しておこう 〜

- 日時や場所，最寄り駅，駅からの距離などを確認しておく
- 指示された物，持参するべき書類などの確認をする
- 質問すべき事柄や自己PR・志望動機などをまとめておく
- 遅刻厳禁，約束の時間の10分前には到着する
- 言葉づかいは丁寧に，適切な敬語を使う
- 行けなくなったときは，必ず連絡をする

5．就職活動の文書

（1）履歴書の書き方

　履歴書は採用の際に提出する，公的な個人情報の文書である。自分自身の過去をみつめ直して，正確に記入しよう。また，履歴書に添付する写真は全体のイメージを左右する重要な役割をもっている。提出する3か月以内の写真で，自然な表情で明るく清潔なイメージの写真を添付しよう。

　履歴書は学校指定のものを使用し，必ず下書きをしてから，清書するようにしたい。

〈記入のポイント〉
- 黒のボールペン・万年筆を使用する
- 指示がない場合は，高等学校入学から書く
- 免許・資格は業務に効果的なものを，古い順に書く
- 免許・資格は，正式名を調べて書く
- 楷書で，癖のない字で，丁寧に書く
- 文字は適度な大きさで，はっきりと書く
- 記入欄はすべて埋める
- 修正液・修正ペンは使用しない。記入ミスをした場合は，書き直す
- 正確で正直な内容を書く
- スピード写真を避ける

コラム

～ ネガティブワードはポジティブワードに変えよう！ ～

行動力がない　→　慎重，計画性がある，思慮深い

おとなしく消極的　→　控えめ・穏やか

臆病・気が弱い　→　繊細・配慮ができる，気遣いができる

気まぐれ・怒りっぽい　→　臨機応変・こだわらない

わがまま　→　個性的　　忘れっぽい　→　根に持たない

騒がしい・うるさい　→　明るい・盛り上げるのが上手

履歴書の書き方例 ＜一般用＞

履 歴 書

❶ 平成　　年　　月現在

ふりがな	こうべ　　はなこ		❷
氏　名	❸ 神戸　花子		
生年月日	平成○○年10月5日生（満○○歳）　男・㊛		

ふりがな	こうべし ちゅうおうく ○○まち○ちょうめ○ばん	電話
現住所	〒650-0000 神戸市 中央区 ○○町○丁目○番○○	078 ○○○-○○○○
ふりがな	おかやまけん ○○し ○○ちょう○ちょうめ○ばん○ごう	電話
連絡先	〒700-0000 ❹ 岡山県 ○○市 ○○町○丁目○番○号	0839 ○○-○○○○
携帯電話 ❺	090-××××-○○○○	メールアドレス ❻ abcd@××.×××

年	月	学歴・職歴（各別にまとめて書く）
❼		❽ 　　　　　学　歴
平成○○	4	岡山県立○○高等学校　入学
平成○○	3	岡山県立○○高等学校　卒業
平成○○	4	○○△△大学　○○学部○○学科　入学
平成○○	3	○○△△大学　○○学部○○学科　卒業見込み
		❾ 　　　　　職　歴
		なし
		❿　以上

年	月	⓫ 　　　　　免許・資
平成○○	6	秘書技能検定準1級合格
平成○○	1	実用英語技能検定2級合格
平成○○	3	普通自動車第一種免許取得

①日付は書類を郵送する日，または持参日を記入する。数字は崩さずアラビア数字で書く。

②写真は3ヶ月以内に撮影したもので，胸から上のものを貼付する。好印象を与える学生らしいもので，化粧は薄く，髪はすっきりとまとめる。プリクラは不可。

③氏名は戸籍に登録されている正式な字で記入する。

④現住所以外に連絡を希望する場合に記入する。

⑤日中連絡が取れる携帯番号を記入する。

⑥パソコンやスマホなど迅速に対応できるアドレスを記入する。

⑦全体に西暦か元号かを統一しておく。（例の場合は元号の平成を用いている）

⑧学歴は義務教育以降を記入する（高等学校入学から記入）。

⑨職歴がない場合は「なし」と記入する。（アルバイトは含まない）

⑩最後に「以上」を忘れずに。

⑪取得の可能性があるものは「見込み」で記入する。

（2）Eメールの使い方

　Eメールは瞬時に相手に届き，時間を選ばず，忙しい仕事の合間でも用件を伝えることができる便利なツールである。資料の送付を依頼したり，セミナーの日程を問い合わせたり，また会社訪問をした礼状など，Eメールを上手に活用し，就職活動の武器にしたい。
　しかし，友達とのやりとりと同じように気軽に送ってしまわないよう，ルールを守って慎重に送信しよう。

◆タイトル・件名は分かりやすく具体的に
　相手は件名を見て，読む必要があるかどうかを判断する。メールの内容が一目で分かるように，具体的で簡潔に書く。

◆挨拶は短めに，用件は簡潔に
　「拝啓・敬具」「季節の言葉」は不要である。簡単な挨拶と自己紹介をしたら，1行空けてすぐに用件に入ろう。

◆体裁を整える
　話の区切りで1行空ける，適度な長さで改行するなど，読みやすく体裁を整える。

◆必ず読み返してから送信する
　誤字・脱字，敬語の使い方をチェックする。さらに担当者の名前・職名・部署名が正しいかどうかを確認してから送信する。

◆自分の名前と連絡先を忘れない
　自分の名前と所属，日中連絡が取れる電話番号，メールアドレスを忘れずに書く。

◆素早い返信・応答が必要
　企業から連絡が来た場合や訪問のお礼など，素早く返信してこちらの誠意を伝える。

コラム

～ スマートフォンとパソコンの使い分けをしよう ～

「スマホ」
- 人気企業の説明会予約・確認
- エントリー
- 企業からのメッセージ確認
- 学生同士の情報交換

「ＰＣ」
- 企業研究
- 業界研究
- 企業とのメールのやりとり

〈 Eメールの書き方　例 〉

送信 ▼	返信 ▼	全員に返信 ▼		削除	添付ファイル

差出人　hkobe○○＠××××ne.jp
宛先　　abcd×××＠△△△co.jp
CC
BCC
件名　　資料送付のお願い

株式会社○○○○
人事部　採用ご担当者様

はじめまして。
私は，○○△△大学○○学部（学科）に在籍しております神戸花子と申します。

現在，就職活動をしております。
貴社のホームページを拝見し，事業内容に大変興味を持ちました。
つきましては，ぜひとも貴社の詳細を勉強させていただきたく，会社案内などの資料を下記住所までお送りくださいますよう，お願い申し上げます。
お忙しいところ恐れ入りますが，どうぞよろしくお願い申し上げます。

住所：〒○○○－○○○○　　○○県△△市○○丁目○番△号
氏名：神戸花子
電話番号：△△△－△△△△－△△△△
携帯：△△△－△△△△－△△△△
E-mail: hkobe○○＠××××ne.jp
....
○○△△大学　○○学部（学科）
神戸 花子
....

〈 Eメール例文 ～お礼～ 〉

― 資料が届いたあとのお礼 ―
件名：会社資料送付のお礼
株式会社○○○○ 人事部　採用ご担当者様 先日，資料請求をいたしました，○○△△大学○○学部（学科）の神戸花子と申します。 このたびはお忙しい中，早々に会社資料をお送りいただき，ありがとうございました。 早速拝見させて頂き，貴社の○○○の情報や△△を知るにつれ，一層志望の気持ちが強くなって参りました。 同封いただきましたエントリーシートは，期日までに必ず提出いたします。 どうぞよろしくお願い申し上げます。　取り急ぎ，資料拝受のお礼を申し上げます。 ○○△△大学　○○学部（学科）　　神戸 花子 住所：〒○○○－○○○○　○○県△△市○○丁目○番△号 携帯：△△△－△△△△－△△△△ E-mail: hkobe○○＠××××ne.jp

― OB・OG訪問のお礼 ―
件名：貴社訪問のお礼
株式会社○○○○ ○○部○○課　　○○○○様 ○○△△大学○○学部（学科）の神戸花子と申します。 本日はお忙しい中，お時間を割いていただき，ありがとうございました。 ○○先輩には貴重なお話を聞かせていただき，大変勉強になりました。特に「チームで働くこと」の重要さを感じ，責任感やリーダーシップ，そしてチームワークの大切さを知ることができました。この素晴らしい会社でぜひ自分を試してみたいと，強く思った次第です。 今後ご相談させていただく事もあるかと存じますが，その折はよろしくご指導くださいますようお願い申し上げます。まずは貴社訪問のお礼まで申し上げます。 ○○△△大学　○○学部（学科）　　神戸 花子 住所：〒○○○－○○○○　○○県△△市○○丁目○番△号 携帯：△△△－△△△△－△△△△ E-mail: hkobe○○＠××××ne.jp

〈 Eメール例文 ～その他～ 〉

―会社説明会参加の申し込み―

件名：会社説明会参加の申し込み

○○自動車販売近畿株式会社
人事部　採用ご担当者様

突然のメールで，失礼いたします。
私は，○○△△大学○○学部（学科）に在籍しております，神戸花子と申します。
現在私は就職活動中で，自動車業界を志望し，企業の研究を行っております。
貴社の会社案内などの資料を拝読し，貴社への関心がさらに深まり，入社できたらという思いを一層強くいたしました。
つきましては，○月○日○時に開催されます，貴社説明会に参加させていただきたく，申し込みのメールを送らせていただきました。ご担当者様よりお話を伺うのを楽しみにしております。
どうぞよろしくお願い申し上げます。

○○△△大学　○○学部（学科）　　神戸 花子
住所：〒○○○－○○○○　○○県△△市○○丁目○番△号
携帯：△△△△－△△△△－△△△△
E-mail: hkobe○○＠××××ne.jp

―面接日程の連絡をもらった礼状―

件名：面接日程のご連絡お礼

○○食品　株式会社
総務部　○○　○○　様

○○△△大学，○○学部（学科）の神戸花子と申します。
本日は面接日程のご連絡をいただき，誠にありがとうございました。
○月○日○時に大阪支店本町会場へ，必要書類を持参のうえ，お伺いいたします。
当日はどうぞよろしくお願い申し上げます。
取り急ぎ，ご連絡のお礼まで申し上げます。

○○△△大学　○○学部（学科）　　神戸 花子
住所：〒○○○－○○○○　○○県△△市○○丁目○番△号
携帯：△△△－△△△△－△△△△
E-mail: hkobe○○＠×××ne.jp

（3）送り状の書き方

　就職活動では，重要な書類は郵送する。特に履歴書・成績証明書・卒業見込み証明書・健康診断書などを送付するときには，必ず送り状を添えるようにしよう。

〈 送り状の例 〉

$\qquad$ 平成○年△月◎日

○○株式会社
人事部採用係御中

$\qquad$ ○○○○△△大学
$\qquad$ ○○学部（学科）
$\qquad$ ○○△△

　　　　　　　　　　新卒採用応募書類の送付について

　拝啓　○○の候，貴社ますますご隆盛のこととお喜び申し上げます。
　　先日の会社説明会では，大変お世話になりありがとうございました。
　　さて，このたび採用試験のご連絡をいただき，大変嬉しく存じます。
　　つきましては，ご指示の書類を下記のとおり同封いたしますので，
　ご査収くださいますよう，よろしくお願い申し上げます。

$\qquad$ 敬具

　　　　　　　　　　　　　　記

　　　同封書類
　　　　・履歴書　　　　　　　1通
　　　　・健康診断書　　　　　1通
　　　　・成績証明書　　　　　1通
　　　　・卒業見込み証明書　　1通

$\qquad$ 以上

第Ⅲ部

インターンシップと実習

　近年，学校行事の一つとして，大学・短期大学・専門学校でのインターンシップをはじめ，高校や中学においても「トライヤルウィーク」などと名付けた就業体験が行われている。これらのインターンシップや実習研修は，職場体験をすることによって業務内容や組織風土を知り，自分の能力や適性などを改めて知ることができる良い機会となっている。限られた期間ではあるが，この経験が「求人・求職」のミスマッチを防ぐ一因となれば，企業と学生の双方にとってのぞましいことである。

　このことから，インターンシップや専門実習は学業の一環として，一定の時間・内容をクリアすることで，単位として認められている場合も多い。

　一方，保育や栄養等の資格取得のための必修として，それぞれの資格に照らし合わせた現場実習が行われる。この実習は，日々の業務そのものを体験する機会である。

　これらのインターンシップや現場の実習は，就職活動に向けての大きな助走であり，ハードルでもある。しっかりとした準備学習とともに，社会人としての心構えをもって臨まなければならない。

第1章 インターンシップとは

　現在，日本の高等教育機関（大学・短期大学等）で行われているインターンシップは，必ずしも採用と直結しておらず，その点で欧米とは異なった独自性がある。
　一方，教育実習・工場実習・病院での臨床研修制度など，資格取得の要件ともなる実習・研修は，諸外国のインターンシップに該当するものと考えてよいだろう。このような現状を踏まえて，グローバル化が進む中で，日本の職場や大学においてインターンシップがどのように受け止められ，定着してきたかについて概観してみよう。

1．インターンシップの背景

　日本でのインターンシップの定義は，1997（平成9）年1月，文部省（現文部科学省）による「教育改革プログラム」中の，「学生が自らの専攻，将来のキャリアに関連した就業体験を行うこと」に基づいている。この定義はその後，同年に文部省，通商産業省（現経済産業省），労働省（現厚生労働省）らがとりまとめた「インターンシップの推進に当たっての基本的考え方」（以下，3省合意）をはじめ，さまざまな機会に確認・認知されてきた。

（1）インターンシップの形態

　3省合意に示されたインターンシップの形態は，下記のとおりである。
①**正規の教育課程とするもの** …… 大学・短期大学等における正規の教育課程として位置づけ，現場実習等の授業科目とし，単位認定をする場合。
②**学校行事とするもの** …… 学校行事や課外活動等，大学・短期大学等における活動の一環として位置づける場合。
③**学校と無関係に行うもの** …… 大学・短期大学等と無関係に，企業等が実施するインターンシップのプログラムに学生が個人的に参加する場合。

また，その他の形態として，単位をとる目的の「資格要件型」，「職業選択準備」を目的とするもの，「学習意欲」の喚起を目的とするもの，等の類型を見出すことができる。

（2）アメリカにおけるインターンシップ

　一般に，アメリカで「インターンシップ」と表現する場合は，企業側が提示したプログラムに学生が個人で応募するものを指す。

　一方，アメリカで生まれ，100年以上の歴史を有して全米に制度化・定着した産学連携の教育プログラムがある。コーオプ教育（Cooperative Education；CO-OP 教育）である。これは，大学在学中に，授業での学習と実務体験を交互に繰り返すものが多く，複数学年にわたり断続的に行われる。期間は，3ヶ月から1年間にわたる。このコーオプ教育における実習研修は大学での単位に加算され，卒業必修であることも多い。

　アメリカでコーオプ教育が本格的に発展した背景には，職業訓練を主目的としたコミュニティ・カレッジ（2年制）の増設にともない，高等教育の大衆化が進んだことが挙げられる。社会や産業のニーズに合わせ教育改革としての現実的なカリキュラムの構築が求められたことと，新卒者の就職難の解消も必要となり，1960年代後半には産学協同プログラムとして，連邦政府の補助金制度も整い，コーオプ教育が定着したのである。

（3）ヨーロッパにおけるインターンシップ

　中世ヨーロッパでは，13世紀ごろから手工業ギルド（組合）における徒弟制度が定着し，親方と徒弟が年季奉公の契約を結び，職人を育成した。これは5年から10年以上の歳月をかけ，徒弟から職人・親方へと資格を得る職業階層制度であった。親方となった者は次の徒弟・職人を教育するのである。この伝統を土台に，ドイツではマイスター制度が1953年，デュアルシステムが1969年に制度化され，その後，さらに法律による支援制度が確立した。

　また，イギリスでのサンドイッチ・システムは，学生が高等教育機関に4年以上在学する場合，在学中に，6ヶ月から1年間の研修に参加するシステムである。

　これらの例のように，アメリカやヨーロッパをはじめとする海外の場合，インターンシップの期間は短くとも数ヶ月，長ければ1年に達するものが多い。学業を続ける途中で十分な期間を設定したインターンシップは，ミスマッチの軽減と同時に，体験終了後の学習意欲の喚起が期待できるのである。

2．資格・技能取得のための実習

　日本では1997（平成9）年に本格的に始動したインターンシップであるが，その定義は，前述したとおり「学生が自らの専攻，将来のキャリアに関連した就業体験を行うこと」と，幅広くとらえられている。したがって，各種教職免許取得のために学校などで行う教育実習や，医療従事者（医師・看護師・管理栄養士・理学療法士・作業療法士など）が資格取得のために病院や福祉施設などで行う臨地実習なども，インターンシップとみなすことができるだろう。

　一方，工場実習も古い歴史を持っており，東京大学工学部の前身である工部大学校が1874（明治7）年に創設された際，スコットランドから招聘されたダイアー（Henry Dyer, 1848-1918）により，授業と実習を交互に繰り返すサンドイッチ・システムが採用された。

　また，医師の実習については，戦後1954（昭和29）年に臨床実地研修制度（インターン制度）として始まったが，この時点では，1年間の臨床実地研修終了後に初めて医師国家試験の受験資格が与えられるというものであったため，医学生にとってこの期間の生活と身分が不安定であり，社会問題化した。その後，法改正が行われ，新しい臨床研修制度が2004（平成16）年に整備され，医師免許取得後に2年間の臨床研修が義務化されることとなった。つまり，医師としての研修制度ということになったのである。

3．就職活動時期の変動とインターンシップ

　欧米のインターンシップが元来3ヶ月〜1年の中・長期間であるのに対し，日本のインターンシップは工学系や海外でのそれを除き，2週間以内のきわめて短期間のものが多い。さらに，その短期間の実施時期や形態に影響を及ぼしているのが，経団連の「採用選考に関する指針」および「手引き」の改定である。この改定に伴いインターンシップに新たな動きが見え始めた。従来は大学3年・短大1年の12月から求人広報活動されていたものが3月からに後ろ倒しとなったため，採用広報以前の期間を利用して，ワンデイインターンシップと呼ばれる超短期のものが活用されるようになったのである（第Ⅱ部 p.109参照）。

インターンシップの本来の目的が，求人・求職のミスマッチの防止や，理論と実践を交えた能力・適性を見すえた選考へつながる企業と受験者が歩み寄る場だと考えれば，欧米のように長期化が望ましいだろう。グローバル人材や，海外でのインターンシップを必要とする企業にとってはなおさらである。この観点からは，たとえば，1日だけのものをインターンシップと呼んでよいものか，疑問が生じてくる。

だが一方で，キャリア科目におけるインターンシップととらえれば，インターンシップによる職業・職場体験が，次に続く就職活動の準備を行うための最適な動機づけにもなる。だとすれば，限られた期間内に数多くの企業の一端を知ることができるワンデイインターンシップもまた，貴重な就業体験の機会といえるのである。

なお，経団連自身は，2015（平成27）年12月7日に改定公表された「『採用選考に関する指針』の手引き」において，「広報活動の開始日より前に実施するインターンシップについて」は，「5日間以上の期間をもって実施され」るものと表現しているため，報道や大学・短期大学等のキャリア支援課などを通じて情報収集を積極的に行う必要があるだろう。

Let's Try

〜 自分自身にとってのインターンシップの特徴を考えよう 〜

どちらが「よい」「悪い」というよりも，それぞれの特徴・利点を考えてみよう

	長期インターンシップ	短期インターンシップ
メリット		
デメリット		

※ワンデイ（1day）インターンシップ

リクルート社の定義によれば，短期間のインターンシップの中で，特に1日で行うものを「1dayインターンシップ」と呼ぶ。コストをかけずに大勢の学生を受け入れたい企業側と，限られた時間でより多くの会社との接点を求める学生の双方にメリットがあるとされている。

第2章　インターンシップの目的

　インターンシップは，学業のかたわら，一定期間企業の中で「働くということはどういうことか」「自分にはどのような仕事が向いているのか」「将来は何をしたいのか」などを，体験から学んでいくことである。このインターンシップを有効に活用して，悔いのない就職活動をしていこう。

1．学生の目的

　インターンシップは，自分自身がその仕事を職業として選びたい，あるいはその業界の仕事をしたいと考えている人にとって，それを理解する良い機会である。大学の授業では学ぶことができない，実際の仕事の流れを知ることができ，直接業界での最新情報に触れることもできる。また，専門的な知識を得たり，最新の技術を目の当たりにすることもできる。積極的にインターンシップにチャレンジして，社会性や行動力とともに，厳しい現場の状況を学ぶことは大切なことである。

① リアリティーショック

　インターンシップは学生にとって，自分が志望する業界を知るまたとない機会である。せっかく企業研究をし，内定をいただき，就職をしたにも関わらず，就職後3年以内に離職する率は，短大卒が41.2％，大卒が32.4％（平成23年卒）である。その理由として挙げられるのは，「1位　労働時間・休日・休暇の条件が良くなかった」，「2位　人間関係が良くなかった」，「3位　仕事が自分に合わなかった」，「4位　給料の条件が良くなかった」などである。これらの理由のように，就職してからその会社や仕事内容が自分の想像していたものと違いすぎると感じることを，リアリティーショックという。

　そのようなことのないように，インターンシップで現実の社会を体験し，見てほしい。そして，インターンシップの時点で自分が想像した仕事ではないと感じたら，就職進路の変更をしっかりと考えないといけない。

② 課題を見つける

　たとえば，自分が進みたいと思っている業界にインターンシップに行き，思うように仕事ができなかった場合，自分自身に何が足りないのか，しっかりと課題を見つけなければならない。卒業するまでに，何をどのように勉強すればよいのかを考える。そして課題が見つかれば，インターンシップに行った価値がある。就職試験の際にも「インターンシップでこのようなことを感じてきた」「このような課題を見つけたので，今その課題に取り組んでいる」と言えたら，大きなアピールポイントになるのは間違いない。

③ 社会の厳しさを知る

　第Ⅰ部でも学んだように，社会人は仕事をし，その代価として会社から給料をもらう。お金を稼ぐということは，現実的で厳しいことだ。インターンシップ中に，社員の人が上司から叱られている場面に遭遇するかもしれないし，顧客からクレームがきて，頭を下げている場面に遭遇するかもしれない。あるいは，自分自身に非はなくても，自分が会社を代表して謝らなければならないこともある。さらに，与えられた仕事に時間の制約がある場合などでは，職場の空気がピリピリしていることもある。また，正社員になると責任も重くなり，自分自身のミス以外でも責任をとることもあるという社会の厳しさを，実習・研修の現場で目の当たりにすることもある。まさに社会を知るのである。

Let's Try

～ 次の手順で「インターンシップの目標」をつかもう ～

① 自分の性格や考え方，仕事に対する夢，職業の適性などを考えて，インターンシップに行く目的をつかもう。
② 次に，4～5人のグループで「インターンシップに行く目的」を自由に話してみよう。色々な人の考えを聞くことは，とても重要なことである。
③ 話し合ったことを参考にして，自分自身の目的をもう一度まとめてみよう。
④ グレープの中で，インターンシップに行く目的を発表してみよう。

➡ 声に出すことによって自分の考えと決意が固まるのである。

④ ロールモデルを見つける

　もし，既にその業界での就職を考えているのであれば，自分自身の目標となる人をしっかり見つけておくとよい。この具体的な目標となる人のことをロールモデルと呼ぶが，その人を目標にすることで，具体的な自分自身の課題や今するべきことが見えてくる。インターンシップの現場で，このロールモデルをぜひ見つけてみよう。

2．学校側の目的

　学生をインターンシップに送り出す学校側の目的は何だろう。インターンシップ先を確保することや，学生の事前・事後指導など，学校側として行うべき仕事は多く，手間と時間が膨大にかかる。それでも学校としてインターンシップに力を入れる理由はどこにあるのだろうか。

① 企業とのパイプ作り

　大学側と企業側でインターンシップに関する情報交換をしあうことにより，お互いを結ぶパイプが出来る。いろいろな企業とのパイプが出来ることにより，その企業に就職を希望する学生に新規採用の予定や企業側の情報を与えることができる。一方で，企業側がどのような学生を求めているのかという情報などをつかみ取ることができるのである。

② 教育内容の充実

　インターンシップに参加した学生の報告書を大学が情報源の一つとして活用できる。たとえば，報告書に研修の事実や感想のほかに書かれた，「こんなことを大学で学んでおけば良かった」などの記述は，今後のカリキュラム編成に大きな参考となる。

③ 就職へのきっかけ作り

　インターンシップに行った学生が真面目に実習体験をし，その会社の求めているような人材であった場合には，就職に直結する可能性もある。学生がその業界を志望し，会社もそのような人材を求めていたとすれば，マッチングが成功したわけである。学校側としても，学生の行動・資質をみて推薦した結果だけに，双方が信頼・安心できるのである。

3．企業・団体側の目的

　では，企業・団体側からみたインターンシップの目的は何だろうか。インターンシップの受け入れ先，特に直接指導をする方にとっては，日常のルーチンワーク以外に，学生指導という新たな業務が加わるわけである。それでなくても忙しく，時間がない現状の中で，企業がインターンシップを実施する理由はなんだろうか。

① 社会貢献
　人材の育成は，企業の責務の一つである。忙しくても自分達の企業・団体・業界に興味を持つ学生に，「実際の仕事の現場を見せてあげよう」「業務内容を知ってもらおう」という，企業の社会貢献としての人材育成の観点からインターンシップを受け入れている。

② 社内の活性化
　インターンシップに参加した学生の指導をする社員にとっては，自分自身の仕事内容を改めて確認したり，見つめなおす良い機会にもなる。なぜなら，人を指導するには，自分自身が業務をしっかり理解していないとできないからである。言い換えると，社員の自己研鑽となっているのである。

　一方で，インターンシップの学生が大きな声で挨拶をしたり，元気良く返事をしている姿を見て，社員たちが自分の新入社員だった頃を思い出して，挨拶や返事の大切さを改めて感じるということもある。また，社会人の先輩としてインターンシップの学生から見られているという意識もおこり，日常の職場生活に緊張感が生まれ，社内活性化のきっかけともなる。

③ 若い感性のキャッチ
　企業にとってインターンシップに学生が来るということは，若い感性が訪れるということである。若い人たちの柔軟な考え方や意見，率直なアイデアに触れることも，企業・団体側の目的の一つである。「今の若者は，何を考えているのか」「今の学生は，何に興味を持っているのか」「若い人の間では，今何が人気なのか」という情報は，製品の開発などで大いに参考になることである。インターンシップ先でそのような意見を求められる機会があれば，遠慮せずに素直に自分の考えを話してみよう。

④ 企業広報

インターンシップを受け入れることで，企業名や事業内容を知ってもらうことはもちろん，その会社の理念や社風，社員のことも知ってもらえる。宣伝・広報という面での貢献は大きい。企業としては，若い消費者としての学生に，こんな分野にも取り組んでいるのだということを知ってもらう，大切な機会となっている。

コラム

～ 指導者の言葉 ～

困難な仕事でも「できるか？」と聞かれたら，
「もちろん，できます」と答えることだ。
やり方はそれから懸命に考えればよい。

第26代アメリカ合衆国大統領：セオドア・ルーズベルト

第3章 インターンシップへの準備

　インターンシップを充実したものするために大切なことは，事前にインターンシップ先についての理解を深めることである。取り寄せた資料や実習先のパンフレット，インターネットのホームページなどを参考にして調べておこう。さまざまな視点からの情報や知識をもとに，心からインターンシップ先を敬愛し，謙虚な姿勢で実習に臨もう。

1．社会人としての基本

① 服務規定

　企業や団体には，それぞれの職場にあった服務規定という仕事をするうえでの心構えのルールがある。それを必ず守り，職場の輪を乱さないように気をつけよう。たとえ職員ではなく，一時的な実習生であったとしても，このルールは守らなくてはならない。

② 守秘義務

　守秘義務とは，仕事上知り得た機密を第三者に話してはいけないという規律である。社会人としてこれを守らないと，組織に対する背任行為となる。実習先では，経営状態・人事関係・取引先のこと・新製品の開発に関することなど，重要なことを目や耳にするかもしれない。しかし，その内容を決して外部に漏らしてはならない。

③ 時間管理

　会社や団体は，労働の対価として給料を支払っている。つまり，企業活動をしている全ての時間にコストがかかっているのである。自分自身で時間を管理し，無駄な時間をなくさなければならない。出退勤の時間や昼休みの時間を守ることはもちろん，一つひとつの業務を効率よく行うことは当然である。
　また，時間を上手に使うためには，1日のスケジュールを確認して優先順位をつけることや，行動のチェックリストを作ることなども大切である。

④ 所在の明確化

　時間の管理とともに大切なのが，勤務時間中の自分の所在を明確にするということである。他部署へ書類などを持っていく際には，「書類を営業部に届けてまいります」，外出する場合には「○○産業に行ってまいります。○時には戻ります」などと周りの人に告げておくか，スケジュールボードなどに記入をしてから行動することが大切である。

⑤ 身だしなみ

　「身だしなみを整える」とは，男女や年齢に関係なく，どのような立場の方からも感じが良いと思ってもらえるように外見を整えることである。年齢や考え方による，個人の感覚としての「おしゃれ」とは意味が違うことを覚えておこう。仕事をするうえで大切な身だしなみは，清潔感と信頼感である。

⑥ 敬語

　社会人としての基本の一つに，敬語が使えることがあげられる。知っているだけではなく，しっかりと正しく使いこなすことができるかが大切である。「勉強したことがある」「授業で習ったことがある」というだけではいけない。学校で敬語を学んだなら，すぐに職員の方やゼミの先生に対して敬語を使うなど，丁寧な話し方を練習しておこう。

　また，研修先の職場においては，一般的に「課長」「田中課長」などと，職名で呼ぶことが多い。ビジネス社会においては，これらの肩書を間違えることは許されないことである。研修先の業務に関係する方々の肩書は，しっかり確認しておこう。

⑦ 挨拶と返事

　名前を呼ばれたら元気良く「はい」と返事をする。何か尋ねられたら「わかった」「わからない」の意思表示をする。朝は相手の名前を入れながら「○○さん，おはようございます」と，元気に挨拶をする。これらのことは，社会人としての基本である。

⑧ メモと復唱確認

　指導者からの指示は，５Ｗ３Ｈでメモをし，復唱確認をする。特に，日時や数量・金額などの数字，人の名前や地名・商品名などの固有名詞は，聞き間違えのないように注意をする。指示内容に不明な点がある場合には，指示を受けたあと，最後にまとめて質問をする。指示内容を実行したら，指示を出した人にすばやく報告することも忘れてはならない。

⑨ 物品管理

会社は封筒や便せんをはじめ，事務用品が自由に使える環境にある。しかし，それらの物品は会社の経費で購入されたものである。手近にあるからといって，私用に使ったり無断で持ち帰らないように気を付けよう。

> **コラム**
>
> ～ 5W3Hとは ～
>
> ・When（いつ）　・Where（どこで）　・Who（誰が）　・What（何を）　・Why（何故）
> ・How（どんなふうに）　・How many（費用）　・How much（数量）

2．事前指導で学ぶこと

（1）基本の心構え

仕事が忙しい中，インターンシップを引き受けていただいたことに感謝をするとともに，学校の代表だという気持ちで，プロ意識をもち，真面目に研修に取り組むことが大切である。せっかくいただいた機会を活かし，組織を学び，協働することを身につけるためにも，周りの方が忙しいときなど「何かお手伝いできることはありますでしょうか」と，積極的に声をかける姿勢が必要だ。

> **コラム**
>
> ～ ビジネス社会のホウ・レン・ソウ？ ～
>
> ビジネス社会でのホウ・レン・ソウとは報告・連絡・相談のことである。こまめに報告をする，正確，迅速に連絡をする，困ったことがあれば，自分で抱え込まないで，先輩や上司に相談することが大切。

一人がいい加減な気持ちでインターンシップに臨んだ結果，問題が発生したり，評価が悪くなったりした場合には，学校のイメージを悪くするだけではなく，次年度からのインターンシップを断られてしまうこともある。また，反対に真面目に取り組んだことを評価され，次年度からインターンシップ引き受けの人数を増やしていただけるチャンスも生まれる。くれぐれも気を引き締めて参加しよう。

（2）事前訪問

インターンシップ先が決まれば相手先に電話やメールで連絡をとり，実習前に挨拶に伺う。これを事前訪問，またはオリエンテーションと呼んでいる。

事前訪問から，もうインターンシップは始まっていると考えてよい。担当者との顔合わせで良い印象をもってもらえるように，身だしなみに気をつけることはもちろん，積極的に質問をし，実習への意欲を感じていただけるように，しっかりと準備をしよう。

① 電話マナー

◆電話を掛ける時間帯

月曜の午前中，始業直後，昼食時，終業時間の直前などはさけよう。
電話を掛ける適切な時間帯は，14：00～16：00が目安と言われている。

◆大事な電話は固定電話から

意外に話が長引くことがある。充電切れの可能性などを考えて，できれば固定電話から掛けるのが望ましい。また背景の騒音にも気をつけよう。

◆電話を掛ける前の準備

電話を掛ける際の大きな目的は，訪問日時を決めることである。自分のスケジュール表や必要な資料，筆記用具などを準備しておく。

◆日程の調整

事前訪問の日時は先方の都合にできるだけ合わせるのが基本であるが，登校日や試験など，どうしても都合の悪い時は理由を説明して調整をしてもらう。ただし，アルバイトなどは理由にならない。

◆声の第一印象

電話は声だけが頼りである。背筋を伸ばしてハキハキと，ポイントを押さえて要領良く話し，「この人に会ってみたい」と思ってもらえるようにしよう。そのために，相手が目の前にいるような気持ちで，話す練習をしてみよう。

【事前連絡の手順】

　相手の電話番号・部署・役職名・氏名を確認する。必要な書類やメモ，筆記用具を準備し，要領よく話せるようにポイントを事前にまとめておく。

　なお，担当者が不在の場合には「また改めてお電話させていただきます」と言う。

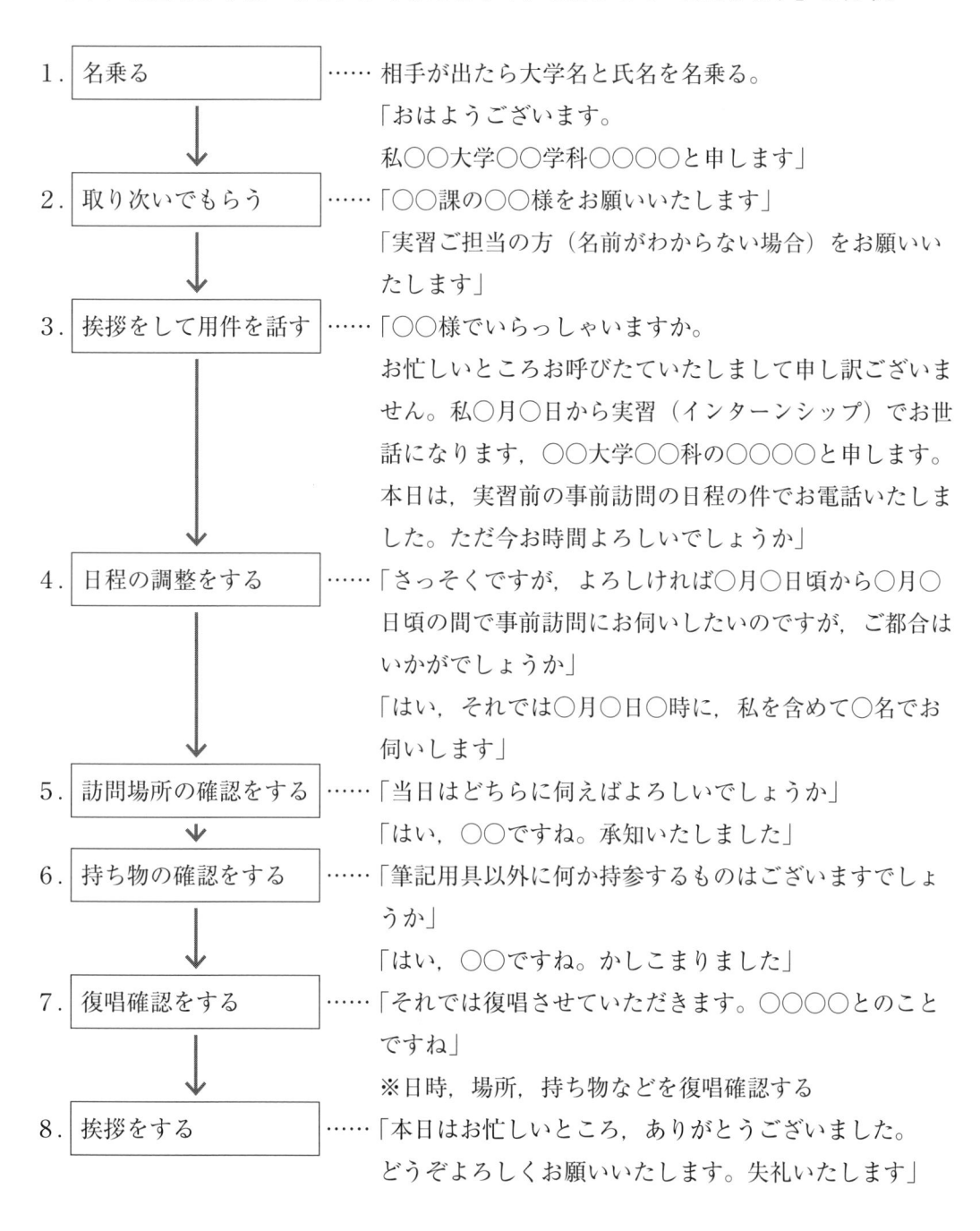

1. 名乗る …… 相手が出たら大学名と氏名を名乗る。
　「おはようございます。
　私○○大学○○学科○○○○と申します」

2. 取り次いでもらう …… 「○○課の○○様をお願いいたします」
　「実習ご担当の方（名前がわからない場合）をお願いいたします」

3. 挨拶をして用件を話す …… 「○○様でいらっしゃいますか。
　お忙しいところお呼びたていたしまして申し訳ございません。私○月○日から実習（インターンシップ）でお世話になります，○○大学○○科の○○○○と申します。本日は，実習前の事前訪問の日程の件でお電話いたしました。ただ今お時間よろしいでしょうか」

4. 日程の調整をする …… 「さっそくですが，よろしければ○月○日頃から○月○日頃の間で事前訪問にお伺いしたいのですが，ご都合はいかがでしょうか」
　「はい，それでは○月○日○時に，私を含めて○名でお伺いします」

5. 訪問場所の確認をする …… 「当日はどちらに伺えばよろしいでしょうか」
　「はい，○○ですね。承知いたしました」

6. 持ち物の確認をする …… 「筆記用具以外に何か持参するものはございますでしょうか」
　「はい，○○ですね。かしこまりました」

7. 復唱確認をする …… 「それでは復唱させていただきます。○○○○とのことですね」
　※日時，場所，持ち物などを復唱確認する

8. 挨拶をする …… 「本日はお忙しいところ，ありがとうございました。どうぞよろしくお願いいたします。失礼いたします」

> **コラム**
>
> ～ 自分の声はどんな声？ ～
>
> 自分の声を聞いたことがありますか。一度自分の声を録音して，どんなふうに聞こえているか客観的に確認してみよう。

② 当日のマナー

訪問の際には，事前に交通ルートを確認し，所要時間は余裕をみておく。当日は10分ほど前に到着するように心掛ける。あまり早く着いても相手の方のスケジュールもあるので気をつける。建物に入る前に身だしなみを整え，コートは脱いでおくのが礼儀である。

◆受付での注意点

受付では背筋を伸ばし，「私，○○大学の○○○○と申します。本日は実習前のご挨拶に参りました。ご担当の（○○部の）○○様をお願いいたします」とハキハキと挨拶をする。取り次ぎをしていただき，受付で担当の方を待っている間は，受付正面から少し横に立ち，他のお客様の邪魔にならないように心掛ける。

◆応接室での注意点

会議室や応接室に案内され，中で待つように指示されたら，入り口に近い席に座って待つか，入り口付近で立ったまま待つようにする。

座って待っていた場合には，担当の方が来られたらすぐに立ち上がり，簡単な自己紹介をする。座るように言われたら「失礼いたします」と，会釈をして席に座る。

履歴書や調書，学校から預かってきた書類がある場合には，両手で相手の正面になるようにして渡す。名刺を出された場合には「ありがとうございます」「頂戴いたします」などと言って，胸の高さで両手で丁寧に受け取る。

担当の方の話を聞く際には相手の顔を見ながら適度に相づちを打ち，大切なことはメモを取る。

また，担当者から質問はないか尋ねられた際には，ポイントを押さえて要領よく質問をし，実習当日に向けて必要なことはしっかりと確認しておく。特に質問がない場合にも「ありがとうございます。今のところ特にございません」などと言い，黙り込むことのないようにする。万が一，お茶を出された場合には相手の方が口をつけてから，あるいは「どうぞ」と勧められてからいただく。

◆帰る際の注意点

話が終わり帰る際には，椅子の横に立ち，改めて挨拶をする。「本日はお忙しいところお時間をいただきまして（お取りいただきまして）ありがとうございました。では，○月○日より実習に参ります。どうぞよろしくお願いいたします」と言い，お辞儀をし，ドアまで歩く。部屋を出る前にドアの前で「失礼いたします」と再度軽いお辞儀をする。

　受付を通る際には，受付の方にも「ありがとうございました」「失礼いたします」と挨拶することを忘れない。

表Ⅲ-1　事前訪問時の確認事項

実習期間	年　月　日（　）～　年　月　日（　）
実習時間	
休日	
実習初日の集合時間	
実習初日の集合場所	
実習中の服装	服装： 履物： 名札の有無：
実習中の持ち物	
服装を着替える場所	
食事の場所	
諸経費の確認	
実習日誌の提出方法	
実習日誌の提出先	

（3）実習中の注意点

　実習生も他の会社の方やお客様から見れば，その組織の職員に見える。実習中は実習先の一員としての自覚をもち，言動に気をつけ，最寄りの駅まで決して気を抜かないようにしよう。また，実習中は少しでも早く良い人間関係がつくれるように，元気な返事と挨拶を心掛ける。そして，できるだけ早く職場の方の名前を覚えるように，挨拶の際にも「○○さん，おはようございます」などと，相手の方の名前を入れるようにしよう。

◆緊急時の連絡

　事前訪問や，実習に向かう途中でトラブルが発生し，予定の時刻に遅れそうな場合には，

すぐに先方に連絡をする。簡単に状況を説明し，どのくらい遅れそうなのかを伝える。そのうえで，遅れても必ず伺う旨を伝える。そのためにも実習先の電話番号は必ず登録しておく。また，大切な伝言をした場合には，相手の名前を聞くことも忘れないようにする。

◆実習初日

　インターンシップ先では，一日目に所属部署内の朝礼の際に自己紹介を求められる可能性がある。その時のためにも，簡単で明るい自己紹介を考えておく。

◆持ち物

　実習中の基本的な持ち物は，ハンカチ・テッシュや身だしなみを整えるクシ，歯ブラシセット，時計などである。最近は携帯電話を時計代わりに使っている人も多いが，職場では基本的に携帯電話はマナーモードにするか，電源を切って鞄の中にしまっている。ビジネスでは時間は大切である。シンプルな腕時計をしていくとよい。女性の場合はストッキングの予備も必需品である。

　もう一つ，必要なものはメモ帳である。指示された内容を記入したり，教えていただいたことをメモし，同じ質問をしないようにしよう。実習中に気づいたことや注意を受けたことをメモしておくと，実習日誌を書く際の助けとなる。また，毎朝その日にするべき仕事を書き出すと，チェックリストにもなる。ぜひ活用しよう。

◆健康管理

　インターンシップでの一つの目標は，休まないことである。そのためには，日々の健康管理が大切である。食事や睡眠時間に気を配り，有意義なインターンシップにしよう。また，慣れない環境での緊張の連続や，知っている人もいない中で考えていた以上に忙しく，「仕事を急かされる」「ミスをした」「一日立ちっぱなしで大変だ」など，学生生活とは比べものにならないほどストレスがたまる。そのようなときには，休みの日に緑を見ながら散歩したり，身体を適度に動かしたり，好きな音楽を聴いたりしてリラックスを心掛けよう。それでも万が一，仕事でミスをした場合には，同じ失敗を繰り返さないように心掛け，一つひとつのミスに落ち込まず，気持ちを切り替えてまた頑張るようにしよう。

◆実習最終日

　実習最終日には，お世話になった職場の方々に実習最終日であることを告げ，丁寧にお礼の言葉を述べる。使わせていただいた机の上や周囲を綺麗にし，食堂や清掃の方，また職員入口の警備の方々にも，お世話になったお礼を述べる。インターンシップ先で新規採用の予定があり，受験を希望する場合には，改めて応募させていただく旨を伝えておく。礼状は，インターンシップが終わって3日以内に出すのが通例で，ビジネス文書の書き方を普段から練習しておくとよい。なお，礼状の書き方については第7章で述べる。

第4章 一般企業における実習

1．実習の概要

　一般企業での実習の概要は，その企業の組織の規模や業界などによって全く違ってくる。仕事の内容は「書類の整理をする」「情報の収集をする」「各部署と連絡をとる」「外出に同行する」などが予想されるが，会社の各部署を一日ごとに回って仕事の流れを学ぶという会社もある。あるいは，何かのプロジェクトを1週間任されるなど，内容は様々である。インターンシップの内容を公開している企業もあるので，内容を確認してから実習先を選ぶことも大切である。この章では，インターンシップを実習ととらえて説明していく。

2．実習に向けての注意点

① 基本的な心構え

　感謝の気持ちを忘れずに，興味のあることや質問がある場合には，時間の許す限り教えていただき，積極的に実習に取り組む。また，実習先の組織を出来るだけ早く覚え，取引先についても一生懸命覚えるように努力をする。前向きに学んでいく姿勢が大切である。1週間で課題を完成させるなど，長期の指示に対しては，指示を出した方に途中で経過報告をすることを忘れない。なお，軽い気持ちでツイッターなどの電子掲示板に，実習先のことを書き込みしたり，中傷をするようなことは，絶対に慎まなければならない。

② 実習先で必要な知識

　業界で必要な知識，また必要になるかもしれない知識や業界の動向を事前に調べたり，新聞などに積極的に目を通しておくとよい。このことは意見を聞かれた時に役立つ。
　また，学校で勉強した知識を活用するために必要な教科書やノートを準備しておくと，スムーズな実習を送ることができる。

③ 守秘義務

　企業においては，代表者や重役の健康状態や取引先の情報，顧客データ，新製品の情報などが漏れると株価に影響がでたり，あらぬ誤解を招くことがある。実習先に迷惑をかけないように，自分の言動や人間関係に十分注意をする。

3．実習先の理解

実習先の正式名称	
本社所在地	
電話番号	
代表者氏名	
経営理念	
CI	
事業内容	
主な商品	
資本金	
主要取引銀行	
従業員数	
支店数／所在地	
実習部署	
指導担当者肩書	
指導担当者氏名	

第5章 医療機関での実習

1．実習の概要

医療機関における実習の内容は，規模や専門によってさまざまである。一般的なものを以下の表にまとめてみる。

表Ⅲ－2　業務内容

受付業務	初診受付・再診受付・自動再診受付機の説明・カルテ出し・電話応対 患者応対・入退院受付・保険証確認業務・外来カルテ作成補助 患者用車いす搬送補助・紹介状コピー・スキャン
レセプト関係	レセプト業務・レセプト訂正業務
病棟業務	患者応対・面会者のチェック・入院カルテの整理補助 ナースステーション内の整理
会計業務	医療費の計算・受け渡し・領収書，明細書，処方せん受け渡しなど窓口業務
電話応対	内線電話・外線電話応対
連絡業務	医事課から他部署への連絡・院内連絡
文書管理	各種証明書発行・医療文書作成補助と清書，コピー・ファイリング

医療機関によっては関連病院や，老人福祉施設での見学や実習を行うこともある。実習中に診療情報管理士や医師事務作業補助者の仕事も見せていただけることもある。

チャンスがあれば，礼儀正しく積極的な態度で学んでいこう。

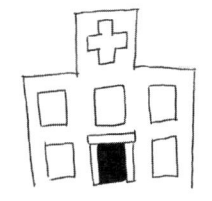

2．実習中の注意点

① 患者応対の基本

　一般企業と医療機関における応対の一番の違いは，訪れる人が病気を患っている患者様だということである。一般企業の場合はお客様をおもてなしするわけであるが，医療機関の場合には，病気のために神経質になったり，疑い深くなったり，自己中心的になったりしている患者様の応対をするのである。患者様の気持ちを思いやり，言葉遣いには一層注意する必要がある。患者様から信頼されるためにも，親しみのある明るい笑顔と，きびきびした動作，清潔感のある身だしなみで，患者応対をしよう。

　病院では，ドイツ語や英語，専門用語を日常的に使用しているので，つい患者様に対しても専門用語を使ってしまうことがある。高齢化が進み，多くの高齢の方が医療機関に来られるので，できるだけカタカナ用語や専門用語を使わずに，わかりやすい言葉で丁寧に説明する必要がある。

　一方，医療機関では禁止事項が多いのが現状である。「○○しないでください」「○○は禁止です」という命令形ではなく，「○○はご遠慮いただいております」「○○にご協力ください」「○○していただけませんでしょうか」など，ソフトな依頼形に変えることも大切なことである。

② 緊急時の対応

　医療機関での実習には，医学に対する知識を勉強してから実習に臨んでいるが，「待合室で急に具合が悪くなった場合どうすれば良いのか」「応急処置はどうすれば良いのか」という，命に関わるようなことに出会う可能性がある。その他にも急を要することも多々ある。最悪の事態を想定して機転をきかせることも忘れてはならない。

③ プライバシーへの配慮

　患者様は基本的に秘密を守ってもらえると思い，安心して言いたくないことも医師の前では正直に話している。実習中にカルテを目にすることもあるが，カルテには個人情報がたくさん詰まっている。「守秘義務」は医療に携わる者の倫理である。実習であろうと，守るべき重要な倫理である。

　また，個人情報に関わることでは，受付実習時に特別な医療受給者証を持って来られた場合には注意が必要である。特に生活保護による医療券・調剤券を持って来られた場合に

は，周囲の人への気配りが大切である。生活保護は国で定められた国民の権利である。しかしながら，生活保護を受けていることを知られたくない方もいる。受付をする場合には，プライバシーに配慮し，声の大きさに気をつけて業務をすすめてくべきである。

④ クレーム対応

大きな病院では「3時間待ちの3分診療」とよく言われる。患者様は待ち時間に神経質になっている。受付は公平に，順番を守って行うことが大切である。それでなくても外来の受付は，待ち時間に対するクレームが多い部署である。また，自分に非がないのにクレームを言われることもある。「受付は病院の顔」であり，実習生であろうと，患者様からのクレームに対しては心を込めて応対をし，その後，いつ・どこの部署でどのようなクレームがあったかを，実習担当者に報告をしなければならない。なお，自分では応対が難しいと思った場合には，できるだけ早く，職員の方に対応を代わっていただくことが重要である。

⑤ 健康管理

実習は1日も休まないことが第一目標である。ただし，病院実習の場合，具合が悪い時はやはり実習にいくのは遠慮するべきである。なぜなら，医療機関には体調の悪い方や，術後で抵抗力が弱い方もいる。無理して出勤し，患者様に病気がうつることもありうる。体調が悪い時には，患者様のために思い切って休むことも必要である。何よりそうならないように，日ごろから規則正しい生活をして，健康管理を行うべきである。また業務上も，病気予防のためのうがいと手洗いの励行を忘れないことである。

⑥ 確認事項

実習先によっては，職員の方と並んで初診受付などを実習する場合がある。その際，保険証の種類や有効期限の確認，法別番号が必要になるので，必ず復習をしておくこと。また，乳児医療（こどもすこやか医療）証などの扱いや，妊産婦検診の公費負担金などは，地方自治体によってかなり違いがあるので，実習機関の地域での取り扱いについて十分に確認をしておくことが大切である。

⑦ 体の不自由な方への対応

医療機関には体の不自由な方が多数来られる。お手伝いをする場合には，必ず「お手伝いしましょうか」と，一言声を掛けることが重要である。体の不自由な方の中には，「で

きる限り自分のことは自分でしたい」と思っている方も多い。いきなりよかれと思って車いすを押したりすると驚かれるので，必ず，患者様に確認をしてからお手伝いをするという心掛けが大切である。

Let's Try

～ 実習先の理解 ～

実習病院名	
病院住所	
電話番号	
緊急時電話番号	
院長名	
経営理念	
診療科目	
病床数	
1日の外来患者数	
関連病院（施設）	
指導担当者肩書	
指導担当者氏名	
医師数	
看護師数	
コ・メディカル数	
事務職員数	

第6章　栄養士・保育士施設での実習

　栄養士や保育士を，指定養成施設である大学・短期大学・専門学校等で取得する場合，必修科目としての校外実習（学外実習）が，実質的にインターンシップの役割を担っていることが多い。現実には，実習での実績や印象が採用に結びつく場合も少なからずある。そこで，本章ではこれらの実習に臨む際の注意点を確認することで，インターンシップとの共通点を学んでいく。

1．栄養士施設での実習

表Ⅲ-3　校外実習（栄養士），臨地実習（管理栄養士）の違い

	栄養士	管理栄養士
養成施設	短期大学，専門学校の2年課程での単位修得	管理栄養士課程の四年制大学・専門学校での単位修得＋国家試験
実習科目	校外実習（給食の運営）	臨地実習（臨床栄養学・公衆栄養学・給食経営管理論）
必要単位	1単位	「給食の運営」を含み，4単位
実習施設	医療施設，福祉施設，学校，事業所，その他	医療施設，保健所・保健センター，福祉施設，事業所，その他
実習の最終目標	給食業務を行うために必要な，食事の計画や調理を含めた給食サービス提供に関する技術を修得する	栄養評価・判定に基づく適切なマネジメントを行うために必要とされる，専門的知識・技術の統合を図る
栄養指導の対象者	主に健康な人々を対象に栄養指導・給食管理を行う	主に傷病者など個々のさまざまな症状・体質を考慮した栄養指導・給食管理を行う

参照：日本栄養士会・全国栄養士養成施設協会（編）「臨地実習及び校外実習の実際（2014年版）」

（1）実習前の注意点

　一般企業や他資格のインターンシップと共通する事項も多いので，ここでは特に栄養士施設での実習に特有の注意すべき点について確認をする。

① 事前訪問のアポイントメント
　実習担当者（栄養士）の勤務状況を考慮し，特に指示がなければ10:00～11:00，または14:00～16:00の時間帯に電話をすることが望ましい。
　同一施設で複数名が実習をする場合は，代表者がアポイントメントをとり，全員にもれなく情報を伝達することが大切である。

② 事前訪問時の確認事項
　出入口や実習場所までの経路，出勤簿に印鑑を押す時間・場所等の確認を忘れてはならない。また，着替えに要する時間を考慮し，出勤時刻ではなく，実際に必要な到着時刻を算出しておく。昼食の扱いも実習先で異なるが，試食を勧められたら迷わず選択することが望ましい。なお，一般的に実習中の食事代は自己負担である。

③ 実習前に準備すること
　特に指示がなくても成分表（日本食品標準成分表）と電卓は用意すること。白衣・実習用帽子等の洗濯とアイロンがけ，包丁の手入れ（錆落とし，刃研ぎ）をしておくこと。持参品に氏名を記載すること。また，指導担当者から関連科目の内容，栄養士と管理栄養士の法的な定義の違い，進路に対する考え等を聞かれることもあるので，学んだことをまとめておきたい。

（2）実習期間中の注意点

　毎日の実習を最良の健康状態で続けられるように，食事と睡眠をしっかりとるように心がける。また，期間中のアルバイト等は避けるべきである。衛生点検表は毎日，作業前に必ず自己チェックをしよう。実習衣に着替える前にトイレを済ませておき，時間に余裕をもって待機したい。

① コミュニケーション

　どの実習施設でも，栄養士以外の職種の方々と接したりすれ違う機会が多いため，挨拶や返事を怠らないように注意をしたい。現場は騒音が大きく，作業時間に制約があり，かつマスクを着用することが多いため，用件を話す時は簡潔・明瞭な発声で話すこと。厨房で調理スタッフから気軽に声をかけられることがあっても，礼儀をもって接すること。退出時は実習担当者の指示に従うこと。定められた退勤時間になったからといって無断で退出してはならない。

② 実習ノート

　実習ノートは日記ではない。学生が自ら目的意識をもって積極的に実習に取り組み，学習効果の向上を図るためのものである。単なる記録ではなく，自身の学びや気づきを書いておくとよい。計算箇所等を鉛筆で下書きした場合も，必ず黒色のペンで書き直すこと。反省・感想欄に「疲れた」などと書くのは失礼であり，あくまでも業務に対する学びと行動を記入することが大切である。

Let's Try

～ 栄養士と管理栄養士の違いを理解しておこう ～

	栄養士	管理栄養士
誰による免許か		
免許を受ける条件		
栄養指導の対象者		

～ 知っておいた方がよい主な法令，マニュアル等 ～

栄養士・管理栄養士の定義・資格要件など	栄養士法
養成施設，教育課程	
配置規定など	
マニュアルなど	

> **コラム**
>
> ### 〜 ドラマの中の栄養士 〜
>
> 板前，コック，パティシエなどとは異なり，ドラマに登場することがまれな栄養士だが，NHKの朝ドラで過去に2回，栄養士役の主人公が登場している。どちらも内館牧子氏の脚本によるものである。
>
> ・1992年『ひらり』　主演：石田ひかり（栄養士を目指す）
> ・2000年『私の青空』　主演：田畑智子（管理栄養士を目指す）
>
> 栄養士はその職場や実際に働く姿をみる機会が少ない職業だが，ドラマで描かれたことで，より身近な存在として認知されるきっかけとなった。

（3）実習後の振り返り

　事後学習として，他の実習生とともに実習内容・研究課題の報告，実習で学んだ事柄の情報交換等が行われる。校外実習は，授業で既に学んだ専門知識や技術と，校外・学外での実習とを関連づけ，知識と技術の統合を図ることが最大の目的である。何をしたかという報告や，どう感じたかという感想だけでなく，分析や考察を交換し合うことが重要である。このことは，実習を体験していない1年生にとっても，実習先の施設長や実習担当者への礼状を書く際にも役に立つことである。

2．栄養士施設でのインターンシップ

　2年課程の栄養士養成施設では，校外実習は1単位・45時間以上という限られた期間で済ませることができる。だが，この実習は1ヶ所のみで行うものである。一方，栄養士の就職先としての可能性は，医療施設（病院等），老人福祉施設，児童福祉施設，給食センター，食品製造工場など，多岐にわたるものである。したがって，校外実習を複数回，またはインターンシップという形で行う養成施設も存在する。

（1）インターンシップの目的

栄養士養成施設でインターンシップを実施する場合，目的は二つに大別される。一つは実習先を複数にすることで，学校での知識や技術を補い，さらに栄養士の活躍するフィールドの多彩さを体感するもの。もう一つは，校外実習とは違う，別の目標を設定するものである。たとえば，コミュニケーション能力をはじめとする汎用的な基礎力や，社会人を意識したマナーの修得に力点をおいたものなどである。

（2）依頼に関する，主旨・目的の項目例

インターンシップを依頼するにあたり，先方への挨拶・提案時のポイントについてまとめてみる。大学・短期大学・専門学校等の実習担当者が新たな実習先を開拓する際や，学生自身が自己開拓する場合にも応用できる。学生側のメリットだけではなく，実習施設・企業側にとってのプラス面を提示し，共存共栄を図りたい。下記に，栄養士施設宛てと一般企業宛ての，2種類の校外実習とは異なる主旨・目的の提案例を掲載する。

表Ⅲ-4　インターンシップ依頼内容項目例［栄養士施設向け］

① 校外給食管理実習との違い 社会人基礎力の修得を目指した職場体験 ※栄養士施設だからこその常識，マナー，コミュニケーションに気づくため
② 求められる栄養士像への気づき 学生が自ら「求められる栄養士とは何か」に気づくための一助 ※2年次の校外実習に向け，今の自分に欠けていること・学ぶべきことに気づくため
③ 就職活動を始動するための動機づけ 栄養士になるための目標を行動に移す契機 ※校外実習（2年次8月）より早期の就職活動への対応，意欲，動機づけを要する
④ 実習施設へのメリット提供 次世代の栄養士を採用・指導・マネジメントするための世代間意識調査 ※採用試験だけでは把握できない世代間ギャップを把握し，求める人物像を示す

表Ⅲ-5　インターンシップ依頼内容項目例［一般企業向け］

① 栄養士課程を学ぶ学生の，栄養士施設以外でのインターンシップ 社会人基礎力の修得を目指した職場体験 ※同系統の授業になりがちな中で，他の業・職種の常識を学ぶ機会が得られる
② 栄養士以外の部門・職種を通した学び 将来，他職種の多くの同僚と連携を図る必要性への気づき・学び ※職場内で少人数であることと，対象者が多岐にわたることへの対応を学ぶ
③ 企業へのメリット提供 学生を通して求められる人材像の広報・パブリシティの機会提供の場ととらえる ※求める人物像を学生を通してPRすることで，企業イメージを提供する

3．保育士施設での実習

　栄養士養成施設による校外実習がおおむね5日間を必要とするのに対し，保育士養成施設の保育実習に必要な日数は，おおむね40日間である。特に2年課程の保育士養成施設では，授業としての保育所実習を実質的なインターンシップとみなしてよいだろう。

　通常，保育所での実習と，保育所以外の社会福祉施設での実習を行う。これらの実習時に，施設特有の人間関係から実習生が判断に迷うことについて，確認しておこう。

(1) 子どもの対応

① 連絡先を聞かれたとき

　実習生は施設職員とは立場が異なる。それぞれの実習先で計画されている援助計画の妨げになる場合もあるので，私的な関係を持つことのないように注意すること。特に，住所・電話番号の交換，実習以外での個人的な接触は厳禁である。

② 相談を受けたとき

　実習先で子どもや利用者から相談を受けた場合，必ず実習先へ報告する義務がある。この報告義務は「集団的守秘義務」とも呼ばれ，支援者が個人としてではなく，組織として支援を行う際に重要な考え方である。決して一人で対応したり，かかえこまないこと。

Let's Try

～ さらに上級の資格を目指してみよう ～

どのような条件や資格取得が必要か調べ，情報交換をしてみよう。

栄養士	⇒ 管理栄養士
	⇒ ケアマネジャー
	⇒ 公認スポーツ栄養士
保育士	⇒ 介護福祉士
	⇒ 社会福祉士
	⇒ 精神保健福祉士

第7章 インターンシップ実習を終えて

　インターンシップの本質を端的にいえば，「仕事とはどういうものか，会社とはどういうところなのか，自分にはどのような適性があるのか，それは本を読んだだけでは分からないし，ネットで検索しただけでも分からない。だから，実際に参加し，自分の五感で体感し，行動し，自分のこととして理解してみよう」ということであろう。

　だとすれば，「実際にやってみてどうだったか」「どの程度わかったのか・わからなかったのか」，「身についたことは何だったのか」，「今後，どのようなことに活かすことができるのか」，などを検証する必要がある。仕事の進め方の基本にＰＤＣＡサイクルがあるように，インターンシップの成否も，単なるやりっ放しで満足感を得るだけではなく，終了後の振り返りをいかに，どのように行うかが重要となる。

　この章では，業種・職種を問わず，インターンシップ終了後の振り返りに共通する留意点について確認していく。どのような方法で振り返るにせよ，大切なことは，インターンシップを始める前に「実施後に，どのような観点で事後の振り返りをするのか」をあらかじめ意識したうえで研修・実習に臨む，つまり"ＰＤＣＡで「ＣＡ」を意識したうえで「ＰＤ」に臨む"ということである。

　そして，この振り返りは，インターンシップ終了後できる限り早い時点で行うことが望ましい。その意識こそが，より適切な「ＣＡ」と，効果的な次の「ＰＤ」を導き出すことにつながる。インターンシップは一度限りのイベントではなく，自分自身のその後の「何か」につなげていくことが重要なのである。

1．自分自身の振り返り

　大学や短期大学等で行われる1〜2週間程度の短期インターンシップの場合，採用に直結した活動というよりも，インターンシップ体験をとおして，自分自身がめざす職業・職

場の理解や，今の自分に足りないこと，どのようにすれば解決できるのか，ということへの「気づき」に力点を置くことが多い。

（1）自己評価

インターンシップが自分自身にどのような効果や成長・達成感をもたらしたのか，そして問題発見・課題解決への糸口を見出したのか，を振り返るための基本は，自己評価である。さらに「他者の自己評価」など，実習参加者全体の中で自分とは異なる価値観や視点・学び方を知ることも重要である。学生の場合，事後の評価項目については，所属する大学等のアンケートなどで定められてはいるが，自分自身が設定・評価するオプション項目を追加することで，さらに自発的な取り組みが可能となるだろう。

① 量的評価

インターンシップにおける自分自身の行動に対する量的な評価であり，達成度や満足度を段階的な数値でとらえることで，成果と課題を見出すことができる。また，同時に参加者全体の中での自分の位置づけを確認することができる。主観的な評価ではあるが，ルーブリックを用いると，より客観性を得ることが可能となる（表Ⅲ－7）。なお，ルーブリックとは，具体的な評価基準をレベルの目安を数段階に分けて記述したものである。

表Ⅲ－6　通常の段階評価例

項目例＼段階	4	3	2	1
インターンシップによる「基礎力」達成度	達成できた	どちらかといえば達成できた	どちらかといえば達成できなかった	達成できなかった
インターンシップに参加したことへの満足度	満足できた	どちらかといえば満足できた	どちらかといえば満足できなかった	満足できなかった

表Ⅲ-7　ルーブリックによる段階評価例

項目例＼段階	4	3	2	1
服装・着装について	指定された作業衣（白衣，帽子等）は清潔であり，かつ正しく着装できた	作業衣の清潔さまたは正しい着装が不十分な日が1回あった	作業衣の清潔さまたは正しい着装が不十分な日が2回以上あった	作業衣を忘れた日があった
挨拶・返事について	状況に合わせ適切に，かつ声に出すことができていた	いずれか，または両方の点できちんとできていない日が1回あった	いずれか，または両方の点できちんとできていない日が2回あった	いずれか，または両方の点できちんとできていない日が3回以上あった

② **質的評価**

　量的な評価では，見えにくい具体的な状況を記述することで，自分自身の問題点を具体的にエピソードとして把握することができる。実習日誌や記録を読み返すことで，どのよ

Let's Try

～ 他の参加者と情報交換をしながら振り返ってみよう ～

➡ 対策が思い浮かばない場合はアイデアを互いにフォローしよう！
　うまくいった点やコツを紹介し合うと効果的だよ！

ふり返り項目	うまくいかなかった点・原因・対策など
事前準備・情報収集について	
事前連絡・事前訪問について	
関わった業務に関する発見	
関わった方々に関する発見	
忘れられない失敗について	
業種・職種に関する発見	
自分自身の変化について	
次年度学生へのアドバイス	

うな経緯で何ができなかったのか，不十分だったのか，などの発見がしやすくなると同時に，報告会・発表会・反省会などへの下準備としても活用できる。

（2）他己評価

自己評価は重要なプロセスだが，欠点もある。意識の高い人ほど，一般的に自己採点の判断基準が厳しくなるため，結果的に自己評価が低くなりがちである。

一方，意識がそれほど高くない人は，自己満足度が高く，評価が甘くなりがちとなる。

① 研修担当者による評価

自分自身で気づかない部分や，勘違いが矯正される点が強みである。ただし，評価者により，辛口・甘口が混在する点も考慮しておきたい。

② 報告会・発表会・反省会による相互評価

人に「教える」「伝える」ということは，最大の学びである。さらに，他の発表者から学び，自分とは異なる視点を相互に得るという効果も大きい。

2．礼状を書く

インターンシップ終了後に，お世話になった方々に礼状を出すことも，社会人としての礼儀というだけではなく，実習の重要な振り返りとなることを認識しておきたい。義務感だけで，サンプル文書同様に書くのではなく，自分自身の学びを確認するツールとして活用しよう。

（1）ビジネス文書として

通常は手書き，かつ縦書きの便箋で，ビジネス文書形式で書くことが多い。文面が採用に影響を及ぼす場合もあるので，研修を受けた者にしか書けない，体験した学びが盛り込まれていることが望ましい。当然ではあるが，事前指導等で配布された文例を丸写しにす

ることは絶対に避けるべきである。そして，指導の担当者や利用者の方々との関わりからの学びなど，現場にいた自分自身でなければ得られなかった体験を書くことで，実習先への関心度や意欲を伝えることが重要である。

（2）組織を理解して

インターンシップで直接に指導を受けた方への感謝を記す礼状だとしても，送付先や受信者名（宛名）自体は，受け入れ先の施設長や組織の代表者など，通常は誓約書の宛名と同一にすることが多い。しかし，業態による慣習の違いもあるため，大学等の実習担当者に確認をしておくとよい。もちろん，実習中にお世話になった直接の担当者へのお礼については，文中に具体的に表現するべきである。インターンシップが学校と受け入れ先との，組織同士の契約のうえに成り立っていることを理解しておこう。

Let's Try

～ "学びのエピソード" を書きとめておこう ～

※必要に応じて，自由にレイアウトしてみよう。

担当者	職名・氏名	学びのエピソード
現場全体の責任者		
直接の指導担当者		
その他 　受け入れ先で 　関わった方		

参 考 文 献・資 料
(著者の五十音順)

- 阿部正浩・松葉寿和編『キャリアのみかた』有斐閣，2010
- 荒井明『キャリア基礎講座テキスト』日経 BP 社，2014
- 一般社団法人日本経済団体連合会「採用選考に関する指針」と「手引き」 2014
- 岩井洋他『プレステップキャリアデザイン』弘文堂，2014
- エドガー・H. シャイン著，金井壽宏訳『キャリア・アンカー ―自分のほんとうの価値を発見しよう―』白桃書房，2003
- 大手前大学 e ラーニングコンテンツ『プレゼンテーション演習Ⅱ』 2008
- 大手前大学キャリアサポート室『就職活動ハンドブック 2013』(株)インテリジェンス
- 桂戴作『交流分析入門』チーム医療，1984
- 金井壽宏『キャリア・デザイン・ガイド ―自分のキャリアをうまく振り返り展望するために―』白桃書房，2003
- 菊池馨実『社会保障法』有斐閣，2014
- 北浦正行編『実践キャリアデザイン論 30 講』日本生産性本部生産性労働情報センター，2011
- 木村周『キャリア・カウンセリング ―理論と実際，その今日的意義―』社団法人雇用問題研究会，2006
- 厚生労働省『厚生労働白書』各年度版
- 厚生労働省「賃金構造基本統計調査 ―平成 26(2014)年― 賃金構造基本統計調査結果の概要」 2015
- 厚生労働省報道発表資料『新規学卒者の離職状況(平成 23 年 3 月卒業者の状況)』 2014
- 神戸女子短期大学キャリアサポートセンター『JOB GUIDE BOOK 2015』(株)ディスコ
- 国立社会保障人口問題研究所「日本の将来推計人口」2011
- 佐々木勝他『雇用ミスマッチの概念の整理』日本労働研究雑誌 No.626 2012
- 滋慶教育科学研究所監修『現場研修ワークブックシリーズ 医療秘書編』滋慶教育事業部，2010
- 菅野和夫『労働法(第 10 版)』有斐閣，2012
- 杉田峰康『交流分析のすすめ ―人間関係に悩むあなたへ―』日本文化科学社，1990
- 総務省統計局「労働力調査(基本集計)」 2015
- 高良和武監修，石田宏之他編著『インターンシップとキャリア 産学連携教育の実証的研究』学文社，2007
- 内閣府「平成 26 年度国民生活に関する世論調査」2015.4

- 中西信男『自己実現と成人期－ライフ・キャリアの心理学－』ナカニシヤ出版, 1995
- 中村和子他『わかりやすい交流分析』チーム医療, 1984
- 新里里春他『交流分析とエゴグラム』チーム医療, 1986
- 日本インターンシップ学会関東支部監修, 折戸春雄他編著『インターンシップ入門　就活力・仕事力を身につける』玉川大学出版部, 2015
- 日本栄養士会・全国栄養士養成施設協会編『臨地実習および校外実習の実際　2013年暫定版』日本栄養士会, 2013
- 日本キャリアデザイン学会監修『キャリアデザイン支援ハンドブック』ナカニシヤ出版, 2014
- 日本産業カウンセラー協会 編集『キャリア・コンサルタント　—その理論と実務—』日本産業カウンセラー協会, 2003
- パウロ・コエーリョ著, 山川紘矢・山川亜希子訳『アルケミスト　—夢を旅した少年—』角川書店, 1997
- P. F. ドラッガー著, 上田惇生訳『マネジメント　—課題, 責任, 実践—　中』(ドラッガー名著集14) ダイヤモンド社, 2015
- ビジネス哲学研究会編著『逆境に克つ！　心を強くする指導者の言葉』ＰＨＰ研究所, 2009
- 平田潤他『プレステップ就活学』弘文堂, 2013
- 松原達哉『自分発見「20の私」』東京図書, 1999
- 水原道子編著『社会人への準備』学文社, 2002
- 水原道子・福井愛美・上田知美『新日本語表現法』アイシー印刷, 2011
- 宮城まり子『コミュニケーション』産能大学通信教育部
- 文部科学省『インターンシップ・ガイドブック　インターンシップの円滑な導入と運用のために』ぎょうせい, 2000
- 悠木そのま『みんなのキャリアデザイン』文芸社, 2004
- 読売新聞2015年6月9日朝刊　主要100社アンケート　特別面
- 読売新聞2015年6月10日朝刊　経済面
- 渡辺三枝子『キャリアの心理学』ナカニシヤ出版, 2003

- 大阪府商工労働部雇用推進室就業促進課キャリア支援グループ：
- http://www.pref.osaka.lg.jp/sogorodo/counseling/ （参照 2015-07-08）
- 経済産業省：http://www.meti.go.jp/ （参照 2017-06-07）
- 独立行政法人労働政策研究・研修機構：
- http://www.jil.go.jp/institute/seika/tools/VPI.html （参照 2015-10-4）

執筆者一覧 (五十音順)

	浅田 真理子	和歌山信愛短期大学准教授	第Ⅱ部	第2章
	上田 知美	四天王寺大学短期大学部准教授	第Ⅰ部	第2章
	岡野 絹枝	金城大学短期大学部教授	第Ⅰ部	第4章
	岡野 大輔	金城大学社会福祉学部助教	第Ⅰ部	第4章
	坂手 喜彦	大手前短期大学キャリアサポート室室長	第Ⅱ部	第1章
	東野 國子	前 関西女子短期大学准教授	第Ⅲ部	第2～5章
	福井 愛美	神戸女子短期大学教授	第Ⅱ部	第3章
[編著者]	水原 道子	前 大手前短期大学教授	第Ⅰ部	第3章,
			第Ⅱ部	第1章
	宮田 篤	青森中央短期大学教授	第Ⅲ部	第1, 6, 7章
	森山 廣美	四天王寺大学短期大学部教授	第Ⅰ部	第1章

[イラスト担当]
　　鮫島　咲妃　　大手前短期大学美術部

キャリアデザイン
―社会人に向けての基礎と実践―

平成28年2月12日　初版第1刷発行
平成31年3月5日　初版第3刷

検印廃止

編著者Ⓒ　水 原 道 子
発行者　　大 塚 栄 一

発行所　株式会社　樹村房
〒112-0002
東京都文京区小石川5丁目11番7号
電話　東京03-3868-7321
FAX　東京03-6801-5202
http://www.jusonbo.co.jp/
振替口座　00190-3-93169

組版・デザイン／BERTH Office
図版／大毛里紗（BERTH Office）
印刷・製本／亜細亜印刷株式会社

ISBN978-4-88367-257-8
乱丁・落丁本はお取り替えいたします。